今日から残業がなくなる！

ギガ先生の
定時で帰る
50の方法

柴田大翔

学陽書房

まえがき

　本書を手に取っていただき、ありがとうございます。
　本書は、残業時間が多くて日々身体が疲弊している方、家族や恋人や友人との時間を確保したい方、もっとクラスの子どもと向き合う時間をつくりたい方に向けて、誰もができる、「毎日、定時で退勤する方法」をとても具体的にお伝えする本です。

　私は大阪府で小学校教員をしている柴田大翔と申します。
　Instagram や Voicy、Threads など SNS を通じて、教師の働き方について情報を発信しております。SNS では、「ギガ先生」として活動しています。

　私はかつて毎月の平均残業時間が 100 時間超えが当たり前でした。
一番多い時では月の残業時間が 145 時間の時もありました。
　また、土日も学校に行っていたため、実質もっと長時間労働をしていました。
　その結果、どうなったかというと……。
　体調を崩すことが度々ありました。
　家族と過ごす時間がほとんど取れませんでした。
　「仕事…仕事…」と気持ちが不安定になることが増えました。

　「このままの働き方で本当にいいのだろうか？」
　「もっとみんなが幸せになる働き方があるのではないか？」
　そう思い始めたのが、働き方を見直すきっかけとなりました。
　それ以来、私は某有名テーマパークレストランで培ったマルチタスク処理の経験、時短術についての内容が記載されているビジネス書の

アイデアの活用、校務の無駄な仕事の洗い出しなど、効率のよい働き方や、残業時間が減っても子どもや学級の様子が安定するにはどうすればよいかを必死に模索し続けました。

　ありとあらゆるアイデアや方法を駆使した結果、残業は……
MAX145 時間→ほぼ毎日、定時退勤に！
　すると、これまでできなかった、あれも、これも、できるようになりました！

　体調を崩すことはほぼゼロに。
　土日出勤はゼロに。
　家族や恋人、友人とたっぷり過ごす時間が増えました。
　残業は減っているのに、学級の安定感は高まりました。
　働き方を見直すことで、教師の仕事がこれまでよりも、楽しく、好きになりました！

　教師の仕事は本来とてもやりがいがあって、魅力ある仕事なんです。
　ブラックと思われがちな職業ですが、ぜひこの本を読んでいただき、そのイメージを払拭していただけたらと切実に思っています。
　本書に書かれていることはどれも決して難しいものはありません。むしろ、今すぐ使えるものばかりです。

　教師の働き方を変えれば、子どもはもっと成長できます。
　教師の働き方を変えれば、プライベートはもっと充実します。
　教師の働き方を変えれば、あなたの笑顔がもっと増えます。

　この1冊を通じて、みなさんの残業時間が減少し、これまで以上に学級やプライベートが充実することを願っています。

柴田　大翔

目次

第1章

月120時間の残業が激減！
今日からできる最速仕事術！

1 先取り仕事術で残業が激減！ ……………………………… 10

2 2〜3ヵ月先から逆算して仕事をする！ …………………… 12

3 週末に翌週のスケジュールを立てる！ …………… 14

4 専科の時間や空き時間を使って翌週の授業準備！ …… 16

5 授業準備に時間をかけすぎない！ ………………… 18

6 会うのを待つよりメモやメールで連絡を！ ……………… 20

7 アンケートや回覧板はその場で回す！ ……………… 22

8 持ち物に住所を決めてあげよう！ ………………… 24

9 書類をスッキリ処理するには？ ……………………… 26

10 周りを気にせず早く帰宅するために！ …………… 28

11 睡眠時間はパワーの源！ ……………………………… 30

12 プライベートの楽しみを設定する！ ………………… 32

第2章

学級経営を変えるとびっくりするほど時短に！
THE 学級経営時短術

13 学級の安定こそ最大の時短！ ……………………………… 36

14 学級のシステムづくりが成功へのカギ！ ……………………… 38

15 当番マグネットは年度はじめにまとめて用意！ ………… 40

16 教室の貸し出しボックスに
ノート・名簿・文房具を大量準備！ ……………………………42

17 掃除当番は細分化、雑巾は大量購入！ ……………………… 44

18 子どもにも先取り仕事術を！ ……………………………… 46

19 子どもに任せる仕事とそうでないものの見極めを！ …… 48

20 新年度は毎日、保護者に子どもの良さを TEL！ ………… 50

21 1学期分の単元を指導書で把握！ ………………………… 52

22 巨大穴開けパンチでテストに一気に穴開けを！ ………… 54

23 月はじめに翌月の学年だよりを作る！ ……………… 56

24 掲示物は中身重視＆子どもに任せる！ ……………………………… 58

25 宿題チェックも子どもに任せる！ ……………………………… 60

26 最速でテストの採点を済ませる方法！ ……………………… 62

27 テストは即時採点・即時返却・
即時やり直しがベター！ ……………………………………… 64

28 最速でドリルを丸つけするコツ！ ……………………………… 66

29 教科書問題の答えはタブレットで配信！ ………………… 68

30 隙間時間には個人でできる課題を用意する！ ……………… 70

31 ノートチェックに時間をかけない！ ……………………………… 72

第**3**章

これは紙よりデジタルが速い！
タブレット時短術

32 デジタル TODO リストで先取り仕事術！ ……………… 76

33 席替えアプリで準備ゼロ！ ……………… 78

34 教材は事前作成し予約投稿を！ ……………… 80

35 教科書スキャンで週末も持ち帰りコピーの時間ゼロ！ … 82

36 どの端末からでも閲覧できるセッティングを！ ………… 84

37 プリントよりも断然デジタルワークシート！ ……………… 86

38 ICT 教材で教師の負担を軽減！ ……………… 88

39 数式処理ツール活用で、通知表作成を時短！ ……… 90

40 ショートカットキー活用でバッチリ時短！ ……………… 92

41 Google フォームでアンケートを自動集約！ ………… 94

42 気づき・ひらめきは忘れる前に即メモ！ ……………… 96

43 役立つ情報を音声配信アプリでインプット！ ………… 98

第4章

悩まないために！
校務の最速仕事術！

44 教室・職員室の両方の備品を充実させる！ ·················· 102

45 ハイスピードな仕事は、
仕事の順序と場所選びがカギ！ ························· 104

46 通知表作りは学期はじめから即スタート！ ·················· 106

47 会計書類は後回し厳禁！ ·················· 108

48 案件の提案は原則例年どおりでOK！ ························· 110

49 会議では要点を絞り、3分以内の提案を！ ·················· 112

50 評価育成シートや自己申告書は数値化がベスト！ ········· 114

第1章

月120時間の残業が激減！

今日からできる
最速仕事術！

先取り仕事術で
残業が激減！

以前の私は目の前の仕事だけを進めていましたが、先取り仕事術を取り入れたところ、残業が激減しました。子どもとゆっくり向き合え、プライベートも充実するこの仕事術は今の時代に欠かせません。

☑ 先取り仕事術のメリットとは？

　先取り仕事術には数多くのメリットがあります。たとえば、仕事に追われている感がなくなる、有給をとって帰宅できる、ゆったりとした気持ちで子どもと向き合うことができるなどが挙げられます。

　この後の章では、仕事を先取りする方法や最速で効率よく仕事を進めるコツを伝授します。どれも決して難しいことではありません。今すぐ取り入れることができる仕事術ばかりです。

☑ 校務も学級も家庭も充実する！

　先取り仕事術は、私が教師の仕事をする上で最も大切にしている軸の１つです。

　先取り仕事術を取り入れたことで、校務のような事務仕事が次々と進むようになりました。また、学級経営に関してもじっくりと考える時間が取れるようになりました。そして、何よりも家庭で家族と楽しいひと時をたくさん過ごせるようになりました。

　先取り仕事術は、これまでの私の人生を大きく変えました。校務も学級も家庭も充実させることのできる先取り仕事術は、仕事量が多い教員という職業にとってまさに必要不可欠な働き方です。

残業がなくなる！
先取りの仕事スタイル＆マインド

まだ先の仕事だけど
一足先にこの書類作成を
進めておこう！

仕事を先取りすることで
子どもたちと笑顔で
過ごす時間が増えたな。

先取り仕事術を取り入れ
たことで、仕事も家庭も
両立できて充実した時間
を過ごせるように！

家族と楽しく過ごす
時間がつくれるように。
また仕事をがんばれるぞ！

▶▶▶ さらにこんなことも！

　いきなりすべてを先取りするのは難しいと感じているあな
た。まずは、1つ1つの仕事にタイムリミットを設けることか
ら始めましょう。

2

2〜3ヵ月先から
逆算して仕事をする！

いつも締め切りギリギリで仕事を行っていると、急なトラブルが発生した時に修正が困難です。そこで、2〜3ヵ月先の仕事を行事予定や引き継ぎ資料から逆算し、できることからどんどん進めましょう。

☑ 行事予定は自分と関係あるものをピックアップ！

　どこの学校でも必ず毎月の行事予定が配付されます。行事予定の確認ができたら、自分に関係しそうなものをピックアップしましょう。その後、教務必携やiPadなど自分が管理している手帳ツールに書き込みましょう。

　また、行事によっては事前に準備しておかなければならないものがあります。いつまでにどんなものを用意しておくのかを事前にリサーチしておき、準備できるものからどんどん進めましょう。

☑ 学年関係・校務分掌関係の引き継ぎ資料は要チェック！

　前年度の担当の方が、学年だよりや担当していた校務分掌の引き継ぎ資料を作成されています。担当されていた方に、1年分の引き継ぎ資料をいただきましょう。

　引き継いだ資料は早速確認し、いつ頃・どんな行事が行われていたのか、事前にどんな準備を進めていたのかなど気になったことはメモしておきます。やるべき仕事を事前に把握しておくことで、先取りして仕事を進めることができます。

逆算する仕事術でラクになる！

自分の学年や校務分掌に関する仕事は必ずチェックしておく。その後、手帳に記入しよう！

校務分掌の引き継ぎ資料をいただけませんか？

このフォルダにすべてまとめてあるよ！

学年関係や学校行事、校務分掌など先の仕事の見通しを立てておくとあわてず冷静に対応できる！

急ぎで取り掛かるべき仕事は何かありますか？

▶▶▶ さらにこんなことも！

　引き継ぎ資料がないと次の担当者が困ります。次年度のことも考え、誰もが安心して仕事ができるように資料は必ず残しておきましょう。

週末に翌週の
スケジュールを立てる！

毎朝、その日の予定を組んでいると、「今の進度で予定どおり授業は終わるのか？」など、不安要素が生じます。週末には翌週分のスケジュールを立て、常に先の予定を見据えた仕事の仕方をめざしましょう。

✓ 週案を使って、授業や行事の予定を書き込もう

　学級の時間割表や月中行事の予定表を見て、どの曜日のどの時間にどんな授業・行事があるのかを週案に書き込むようにします。

　授業予定を記入する際は、教科名だけではなく、どの単元の授業の第何時なのかも書いておくと、「本来の単元計画よりも遅れているな」「予定よりも早く学習が進んでいるな」などがわかりやすくなります。

　週案はあくまで予定です。書いた予定どおりに進めようとしすぎて、目の前の子どもたちを置き去りにしないように注意が必要です。

✓ 先のことを見据えて仕事をする理由とは？

　目の前の予定や仕事を1つずつクリアしていくことも、もちろん大切です。しかし、いつもその日・その場しのぎの仕事スタイルだと問題が発生します。それは、急なイレギュラーやトラブルが起きた時に対応をしかねることです。

　事前に資料や持ち物等を準備しておけば、何か問題が発生しても、スケジュールに余裕がある分、修正できる時間が生まれます。何が起きても対応できるように、常に先のことを予測し、進めておくのです。

週案の記入方法＆活用方法♪

教科名だけではなく単元名も併せて書いておこう。

授業準備ができているものは◎印でチェック！

		火 5/10	水 5/11	
			ポワンソン伝達 プリント 5/27 漢・返し.	体・出張ルー体育台 eボード	
1	理 ◎ チョク①②	図工 ◎ 瓶	書写 ◎	道 ◎ ④ツバメの赤ちゃん	
2	体 ◎ マット①	↓ ◎	国 ◎ もっと知りたい⑤ 発情づくり 練習（スキル）	国 ◎ もっと知りたい⑥ 練習（スキル） 写真	
3	国 ◎ もっと知りたい③	体 ◎ マット②	外 ◎	算 ◎ わり算④	
4	算 ◎ わり算①	国 ◎ もっと知りたい④ 発情づくり	算 ◎ わり算④⑤	社 ◎ 市役所	

▶▶▶ さらにこんなことも！

　授業・行事の準備ができたところには◎を書くようにします。そうすることで、あと、どの授業・行事の準備が必要なのか一目でわかります。

専科の時間や空き時間を使って翌週の授業準備！

家族や友人との時間など、プライベートを充実させるために、授業準備は学校で終わらせます。しかし、放課後は会議や急な対応が入る可能性があるため、専科の時間や空き時間に授業準備を進めましょう。

✓ なぜ、この時間に授業準備を行うの？

　子どもが学校にいる間は、アドレナリンが出て、脳がフル稼働しています。しかし、放課後に子どもが下校すると、ふっとスイッチが切れてしまい、なかなかやる気が起きにくいことはありませんか？

　教材研究や授業準備は頭を使うことが多いです。そこで、専科の時間や空き時間など、脳が仕事集中モードの間に授業準備を進めます。放課後には、あまり複雑なことはせず、簡単な事務処理のように頭を悩ます必要のない仕事を中心に行うようにします。

✓ 先に準備を進めるのは、自分の自由な時間を増やすため！

　授業準備を少しでも早く進めておくことには、明確な理由があります。

　たとえば、理科の実験なら前もって道具を揃えておくことができること、放課後に自分の学びたい書籍を読んで勉強することができること、時間休を取って早めに帰宅できることなど、たくさんメリットがあるからです。

　前項でも述べたように、先のことを見据え、時間の主導権を持つことで自分が本当にやりたいことに時間を充てることができるのです。

専科・空き時間をうまく使う！

専科の先生による
授業中

専科の授業による空き時間は
来週分の授業準備をしよう！
少しでも時間の貯金を作って
おき、気持ちに余裕を持てる
ようにしておこう！

授業準備は基本的に定時勤務時間内に
終わらせるように心がける。
子どもが学校にいて、脳がフル稼働し
ている間に取り組むことがポイント！

▶▶▶ さらにこんなことも！

　専科の先生が学級で授業をしてくれている様子をたまに覗い
てみましょう。担任が授業する時とは違った子どもの様子を観
察できます。

授業準備に時間をかけすぎない！

授業準備は大切です。しかし、勤務時間を大幅に超過したり、睡眠時間を削ったりしてまで準備に時間をかけるのは NG です。限られた時間で効率よく、質の高い授業準備ができる方法を身につけましょう。

✓ 日々の授業準備は目標確認・主発問・板書計画だけでOK！

授業準備にたくさん時間をかけたからといって、決してよい授業ができるとは限りません。むしろ準備に時間をかける程、自分がデザインする授業のレールに子どもたちを乗せようとしてしまいがちです。

限られた時間で準備し、質の高い授業を行うには、単元および本時の目標確認・その授業での主発問（1つか2つ）・おおまかな板書計画の3点を意識して準備を行います。

授業は LIVE です。その時々で変化する子どものリアクション、教師のアドリブを大切に、臨機応変に授業を進めるようにしましょう。

✓ 指導書どおりの授業の時だってもちろんある！

毎時間、研究授業並みの準備は正直無理です。放課後の会議や出張、子どもや保護者の対応など、思うように仕事が進まない時もあります。

そんな時は、指導書どおりの授業の日があっても問題ありません。ましてや指導書はその教科のプロフェッショナルの先生が練りに練ったすばらしい1つの授業案です。とくに若手の先生は、指導書どおりの授業を行い、授業の型を覚えることが大切です。

短時間で充実する
授業準備方法

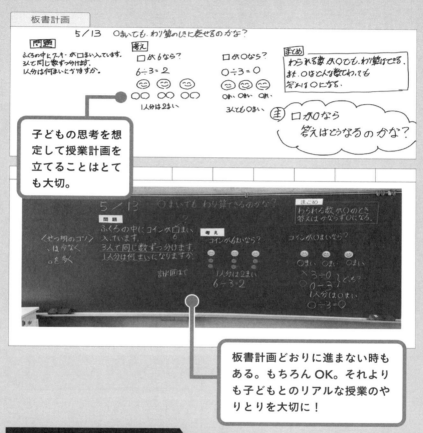

板書計画

5/13 0まいでも、わり算の式に表せるのかな?

問題
ふくろの中にクッキーが口まい入っています。
3人で同じ数ずつ分けます。
1人分は何まいになりますか。

考え
口が6なら?
6÷3=2
😊😊😊
○○○○
1人分は2まい

口が0なら?
0÷3=0
😊😊😊
0まい 0まい 0まい
3人とも0まい。

まとめ
わられる数が0でも、わり算はできる。
また、0はどんな数でわっても
答えは0になる。

主 口が0なら
答えはどうなるのかな?

子どもの思考を想定して授業計画を立てることはとても大切。

板書計画どおりに進まない時もある。もちろん OK。それよりも子どもとのリアルな授業のやりとりを大切に!

▶▶▶ これはやめておこう!

　毎時間のように授業計画の細案を作ることはやめましょう。
授業の展開を整理できるメリットがある一方、書き出しに時間
がかかり過ぎるというデメリットがあります。

6

会うのを待つより メモやメールで連絡を！

「○○先生に伝えることが…。探しに行かないと！」しかし、その用件は本当に直接伝えないとダメですか？　直接会って伝える必要があるのか、もしくは、メモやメールでも済むのかを見極めましょう。

✓ すべての用件を直接会って伝える必要はない

　用件を伝えなければいけない時、探している相手がすぐ近くにいるとは限りません。しかも、相手を探しているその間も、定時までしか計れない砂時計の砂は刻一刻と少なくなっています。

　確かに用件によっては直接会わないと伝わりにくいものもあります。しかし、大抵の場合、メモやメールの連絡で済ませられる場合が正直多くないですか？　ちょっとした連絡のために毎回相手を探していては時間がもったいないです。自分の持ち時間と用件の内容を天秤にかけ、最適な手段を選択しましょう。

✓ メモやメールには一言定形文を添えておく

「何かご不明な点がありましたらご連絡ください。」

　メモやメールの文末には、この一言を添えるようにしています。この一言はとても重要です。送信したメールを相手が確認し、その後、連絡がなければ恐らく用件はきちんと伝わっているはずです。

　また、何か聞きたいことが出た時には、相手側から尋ねてくるはずです。こちらがわざわざ探して時間を使う必要はありません。

20

メモやメールで時短しよう！

○○先生に「学年遠足」の案件を渡さないと！　えっと、それから△△先生に学年会計の集金額を会って伝えないといけないなあ。

⊠ New message　　　　　　　　　　　　　— ↗ ×

To　○○先生へ

Subject

学年遠足の案件を添付しております。

ご確認よろしくお願いします。

何かご不明な点がありましたらご連絡ください。

SEND　Ａ ☺ 📎 🖼 🔗 ☆ 🗑

毎回、直接会わなくてもメールを使って用件を伝える。不明な点があり、尋ねてこられた時に会って直接話をする。

▶▶▶ さらにこんなことも！

　メモを毎回イチから書くことは時間がかかります。最低限の内容だけ書いて済むようにメモのテンプレートを作成しておくと便利です。

アンケートや回覧板は
その場で回す！

アンケートや回覧板の確認を後回しにすると、自分の机上にどんどん
溜まっていきます。また、伝達事項が他の先生に伝わらず、迷惑もか
かります。内容を確認後、速やかに次の方へ回しましょう。

✓ 今やって数秒で済ますか？　後で数時間かけるか？

　アンケートや回覧板をチェックする時、自分にとって必要な情報か
どうかを判断することが大切です。必要でなければ印だけ付けて、す
ぐに回しましょう。今、それを済ませば時間はたった数秒で済みます。
しかし、後回しにすると他の先生に連絡が行き届かない、後回しにし
たものが机上に次々と溜まる、気づけば回覧板等の捜索に数時間かか
るなど、予想以上のダメージを受けます。

　アンケートや回覧板は速攻で処理して、常に机上はスッキリした状
態を維持できるようにしましょう。

✓ 時間をかけて考えたいアンケートはTODOリスト化を！

　アンケートの場合、すぐに答えを出しにくいアンケートもあります。
たとえば、年度末に配付される人事希望調査票などは、自分の意向だ
けでなく、家族と相談して決める方もいます。

　このような場合は、熟考しつつ、出し忘れを防ぐためにTODOリ
スト化して、締め切りまでに提出しましょう。すぐに処理できそうな
ものか、少し考える時間を取るのか、見極めが肝心です。

アンケート＆回覧板の処理術♪

> この回覧板は即チェック。すぐに次の先生へ回そう！

> このアンケートはすぐに返事をしない方がいいな。返事忘れがないようにTODOリスト化しておこう！

> 即チェック・即返事ができるものはすぐに取り掛かる。できない場合は一旦保留にし、必ずTODOリスト化する。

▶▶▶ さらにこんなことも！

　回覧板で、気になる情報が回ってくることもあります。そんな時は後で見返すために、スマホで写真を撮影し、残しておくと便利です。

持ち物に住所を決めてあげよう!

「探しているものが見つからない」「あれ？どこに置いたっけ？」とい
ざ使いたい時に必要なものが見つからないと困ります。ムダな探す時
間を省くためにも、どこに何があるのかを固定してしまいましょう。

✓ 道具に住所を決めよう!

　ふだん使っている文房具やスタンプなど、迷子になっていませんか？
子どもへの指導あるあるの1つ、「使った物は元の位置に戻しましょ
う。」は教師だけでなく、大人がよく言いがちです。

　しかし、ついつい適当に入れてしまい、必要な時に見つからないこ
とってありますよね。

　ハサミはBOXに、スタンプはスタンプケースになど、道具に住所
を決めてあげて、自分の家に帰してあげるようにしましょう。

✓ 教室と職員室の2セット分を準備しよう!

　基本的には教室で仕事することがおすすめです。なぜなら、職員室
で仕事をすると話しかけられたり気が散ったり、仕事に集中できない
からです。

　しかし、時と場合によっては職員室で待機しなければいけない時も
あります。そこで、職員室にもできる限り教室と似たようなデスク周
りの環境を整えましょう。すると、どこの場所にいても教室と近い環
境で仕事ができ、必要な時に必要な物がストレスなく使えるようにな
ります。

机の引き出しは
こう使おう！

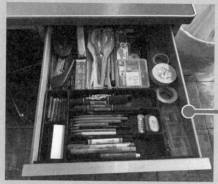

1段目の引き出しには赤ペン、ハサミといった使用頻度の高い文房具類をボックスに分けて、収納している。

2段目の引き出しにはハンコ類を中心に1段目に収納している文房具類の予備を入れている。

持ち物や備品に住所を決めることでいつも安心して使えるように！基本的に職員室にも同じセットを用意している。

▶▶▶ さらにこんなことも！

　100円ショップで販売されている収納ボックスの活用がおすすめです。引き出しの中がスッキリし、使いやすくなります。

書類をスッキリ
処理するには？

机上に書類が溜まると、十分な作業スペースが確保できません。それに、取り掛かろうとしている仕事に関係のないものが出ていると注意散漫になりがちです。すぐ溜まる書類のさばき方にはコツがあります。

✓ 書類整理のコツはすぐ分けること！

即処理するために次の3つの選択肢から選びます。

①捨てる　②紙で残す　③データで残す

自分に必要のないチラシや資料等は、迷わず処分しましょう。残せば残すほど、どんどん溜まっていきます。

また、紙で残すか写真で残すかは、ご自身の保存しやすい方法を選択すればよいと思いますが、使い分けるというのも1つの方法です。私の場合は直近の行事関係など、いつでも確認したい資料に関しては、紙だけでなくスマホのカメラ機能を使って、写真でも残しています。

✓ 残すものの保存はこうする！

紙で残す場合、クリアファイルを用意します。クリアファイル内に、①会議資料　②学年　③校務分掌と記入したインデックスのラベルを貼り付けて、種類ごとに整理します。

また、データで残す場合も同様に、あらかじめフォルダを作成しておき、保存する際はフォルダ内に整理していきます。

細かくフォルダの種類を分けすぎると、整理する時に判断しにくいこともあります。ざっくりと3つ程度に分けておくことがポイントです。

いつも机上はきれいに！

出勤時・勤務時・退勤時など基本的に机上はこの状態を保つことを心がける。

机上に置かれる回覧板やチラシ、アンケート類は処分するにせよ残すにせよ、すぐに処理する！

▶▶▶ さらにこんなことも！

　写真で残した場合、他の写真と混ざると探しにくいです。探しやすくするには、必要な写真をお気に入り登録しておきましょう。

10

周りを気にせず
早く帰宅するために！

「自分の仕事は終わっているけど、帰ってもいいのかな？」
実はその迷いや躊躇が残業時間をどんどん伸ばしている原因です。自分の仕事を終えているのなら、周りを気にせず帰宅しましょう。

✓ できるだけ早く帰宅することを心がける

　私自身、気にしすぎる性格です。「もう帰ってもいいのかな？」「この後、保護者から苦情の電話がきたらどうしよう」とネガティブなことばかり考えてしまい、ずるずると残業する日々が続いていました。

　しかし、気にしていたものの案外何事もなく、ただ残業時間が伸びただけのことが多いです。残業は心身ともに疲弊させます。早く帰れる日はすぐに職場を後にし、家で疲れを取ることも大切です。

✓ 日頃から学年の先生に積極的な声かけを！

　「学年のことで何かできることはないですか？」と日頃から積極的に声をかけておきましょう。もし、仕事を振られた場合は率先して引き受け、定時までに着々と済ませましょう。

　なぜ、率先して引き受けておくかというと、ふだんから学年の仕事に協力する姿勢を見せておくことで、「あの先生はきちんとやることをやっているな」という前向きな印象を残すことができるからです。

　しかし、引き受けたものの、雑に仕事をこなしてしまうとかえって相手の印象は下がります。仕事の質は落とさないように注意しましょう。

気持ちよく早く退勤する秘訣は？

▶▶▶ これはやめておこう！

　学年の仕事をせず、自分の仕事しかしない。これは時短とは言えません。学年団の一員として協力することを忘れないようにしましょう。

睡眠時間は
パワーの源！

教師になりたての頃、睡眠時間を削ってまで仕事をしていました。それが原因で、睡眠不足により体調を崩すことも度々ありました。規則正しい生活を心がけ、ハイクオリティな仕事をめざしましょう。

☑ 良質な睡眠をとるために心がけること

　良質な睡眠を確保するために、自律神経（とくに副交感神経）を整えましょう。そのために、とくに意識するのは正しい入浴です。

　入浴は眠る１〜２時間前、お湯の温度は40度前後が最適です。リラックス効果で副交感神経が高まり、眠りに入りやすくなります。

　ただし、42度以上の熱いお湯に浸かってしまうと、交感神経が高まり、かえって眠りにつけなくなってしまうので、注意が必要です。

☑ 規則正しい生活をルーティン化する！

　今、私の１日の生活スタイルは、22時就寝・５時起床です。これを毎日ルーティン化しています。かつては平均睡眠時間は３時間でしたが、現在では７時間睡眠が基本となっています。

　たっぷりの睡眠時間を確保できたことで、毎朝シャキッと出勤することができています。また、子どもたちに負けないくらい元気に過ごしています。しかも、仕事のスピードも格段にアップしました。平均睡眠時間が３時間の頃には考えられない光景です。

　規則正しい生活は、充実した日々を過ごすためにとても大切です。

睡眠時間の確保のために
していること

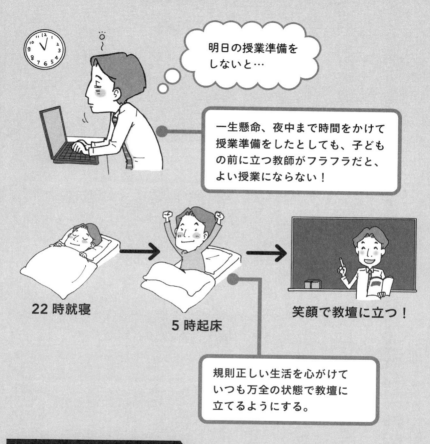

明日の授業準備を
しないと…

一生懸命、夜中まで時間をかけて
授業準備をしたとしても、子ども
の前に立つ教師がフラフラだと、
よい授業にならない！

22 時就寝

5 時起床

笑顔で教壇に立つ！

規則正しい生活を心がけて
いつも万全の状態で教壇に
立てるようにする。

▶▶▶ これはやめておこう！

　眠気によってウトウトしながら仕事をしても、ハイクオリ
ティな仕事は期待できません。眠いと感じたら、迷わず寝る方
が吉です。

プライベートの楽しみを設定する！

目的もなく仕事をすると、だらだらと仕事を進めてしまい、**余計な残業時間が伸びてしまいます。そこで、プライベートで何か楽しみを設定することで、校務に取り組むスピードを上げましょう。**

✓ 1日のゴールを決めよう！

　ゴールを決めずに仕事をすると、いつまでたっても目的地に到着しません。つまり、頂上のない山登りをしているイメージです。想像するだけでも、かなりしんどいですよね。

　教師という職業は特殊で、教材研究やテストの丸つけなど、やろうと思えば無限に仕事が溢れ出てきます。

　そこで、「今日はここまで終わったら帰宅する」とゴールを決めることで、1日の仕事に区切りをつけるようにします。

✓ 勤務後の時間は、自分にプレゼントを！

　「今日、がんばれば好きなゲームが買える！」「今日、仕事が終われば明日から楽しみな旅行だ！」そんな楽しみのおかげで、いつもより仕事に向き合う気持ちが高まった経験ってみなさんもありませんか。

　プライベートの楽しみほど仕事をはかどらせてくれるものはありません。また、同時に自分の心も体も癒すことができます。

　ぜひ、日々の勤務後にちょっとしたスイーツを食べたり、遊びに行ったりなど、自分へのご褒美を用意してあげてください。

楽しい予定があってこそ
仕事がはかどる！

今日の仕事をがんばれば
楽しみが待っている！
よし。がんばるぞ！！

勤務後の時間の楽しみをつくる
ことで仕事の熱の入り具合も変
わる。
プライベートの充実はよりいっ
そう仕事をはかどらせる！

▶▶▶ これはやめておこう！

　「早く帰りたいから適当に仕事を済ます」これは社会人とし
てあるまじき行動です。勤務時間内は誠心誠意、仕事に励みま
しょう。

第2章

学級経営を変えるとびっくりするほど時短に！

THE学級経営時短術

学級の安定こそ最大の時短！

学級が不安定だと子ども同士のトラブルが起きやすいです。また、保護者対応に追われる時もあります。このような事態を未然に防ぐために、子どもも保護者も安心できる学級経営を築きましょう。

✓ 学級崩壊は超過勤務を加速させてしまう…

　子ども同士のトラブルは学級を運営していくにあたって、必ず起こる出来事です。けれども、よい学級はトラブルが起きても、前向きに話し合って解決できます。

　しかし、学級崩壊を引き起こすと互いの不満だけをぶつけ合うケンカになり話し合いは成立しません。しかも、そのケンカがあちこちで同時に起きることもあります。

　その結果、授業時間や放課後に子どもや保護者への対応・連絡に追われ、気づいた時には定時を大幅に超えています。

✓ 子ども＋保護者の安心感＝教師にとって最大の時短

　子どもたちが安心できる学級で日々の時間を過ごせると、「今日はどんなケンカが起きるのかな…」と心配する必要はありません。それに、子どもが楽しく学校生活を送っていれば保護者の方も安心して子どもを任せられ、苦情も少なくなります。

　学級を安定させて、教師の不安をなくすことでリラックスして仕事に励むことができます。結果的に仕事の時短へとつながるわけです。

子ども・保護者の安心感が一番大事！

悪いパターン

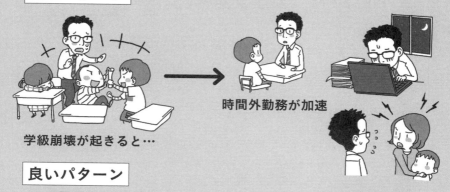

学級崩壊が起きると…

時間外勤務が加速

良いパターン

学級の安定
（子ども・保護者の安心感）

教師の定時退勤が
可能に！

学級経営を学んで実践することは
子ども・保護者の安心感に！
プラスαで仕事術テクニックを身
につければさらなる時短に！

▶▶▶ さらにこんなことも！

　よい学級を築くには、子どもとコミュニケーションを図ることは欠かせません。子どもとの何気ない会話を日々積み重ねましょう。

学級のシステムづくりが成功へのカギ！

学級がうまく機能しない、子どもたちが自分で考えて行動できない。
このような状況に陥っている場合、学級のシステムに問題があります。
現在の学級システムをもう一度見直し、リスタートしてみましょう！

✓ 今すぐ取り入れられる一人一当番システム

　配付物を返却したり、宿題の提出チェックをしたりなど、学級には
多くの仕事があります。これらすべての仕事を教師が担うと、とても
大変です。

　そこでおすすめなのが、一人一当番システムです。学級の仕事を細
分化し、子どもたちが一人一つ仕事を担当します。このシステムをう
まく機能させることで教師の仕事は激減します。また、それと同時に
子どもたちの自立心も育むことができます。

✓ 子どもたちに隙間時間の有効活用法を教える

　子どもたちがちょっとした隙間時間に自分ができることを考えて動
けるようになると、子どもにも先取り仕事術が身につきます。

　しかし、教師が隙間時間に何ができるかを教えていないのに、いき
なり子どもに「考えて動こう」と言ってもさすがに無理があります。

　まずは、子どもたちに隙間時間ができた時、どんなことができそう
かをクラスみんなで共有しましょう。タイピングゲームやブラウザ上
でできるオンラインドリルは自主的に学習できるのでおすすめです。

こんなふうに一人一当番システムを実践しています♪

★3学期一人一当番表
〜考動力のあるクラスをめざすために！〜

仕事の内よう	担当	いつする	仕事の内よう	たんとう	いつする
電気つけ		ずいじ	ピンクカードチェック		お昼休みまでに
電気けし		ずいじ	バケツの水かえ		そうじの後
えんぴつけずりのかす捨て		帰りの会前	ミニ先生		せいれつさせる時
チョークチェック		帰りの会前	体育の体そう		体育の学習時
給食ごうれい前		給食の前	三小きゅうびん①		ずいじ
給食ごうれい後		給食の後	三小きゅうびん②		ずいじ
スケジュール記入		朝の会時	三小きゅうびん③		ずいじ
教室のまど閉め		帰りの会前	三小きゅうびん④		ずいじ
ろうかのまど閉め		帰りの会前	三小きゅうびん⑤		ずいじ
日直カードこうかん		帰りの会前	そうじロッカーせいり		そうじ終わり
百人一首せいり		百人一首後or帰りの会前	ミニほうきせいり		帰りの会前

「配り」のような仕事は複数人で担当しても OK

すべての仕事を教師が行う必要はありません。子どもたちにも学級の一員として自覚を持たせるために一人一つ仕事を担当しましょう。

▶▶▶ さらにこんなことも！

　学級の人数分だけ仕事をリストアップしましょう。誰が何の担当なのかを把握するために、一人一当番表は教室に掲示しておきましょう。

当番マグネットは年度はじめにまとめて用意！

一人一当番では当番マグネットを作って活動します。しかし、学期を終える度に当番マグネットを作っていては二度手間です。新年度の準備時に３学期分をまとめて作り、ストックしておきましょう。

✓ 当番マグネットを作るべし！

　前項では一人一当番システムの紹介をしました。この一人一当番システム、はっきり言って当番を決めただけではまったく機能しません。なぜなら、決めただけでは子どもが本当に仕事をしたかどうかが誰も判断できないからです。

　そこで、担当の仕事ができたかどうかハッキリとわかるように、当番マグネットを作って活動します。この当番マグネットがあるかないかで、一人一当番システムがうまく機能するか否か大きく分かれます。

✓ 学期ごとに当番マグネットを作ることのデメリット

　学期を終える度に当番マグネットを作ると、前回作った時から期間が大きく空いてしまいます。すると、決めておいたマグネットのサイズも「縦横どれくらいのサイズだったかな？」と忘れてしまいます。

　そうなると、マグネットのサイズの寸法から測り直すことになり、時間をロスします。こんな状態を避けるには、年度はじめに１年分のマグネットをまとめて用意しておくことです。まとめて用意しておくと、再度寸法したり、１枚ずつカットしたりするムダがなくなります。

一人一当番システムを
機能させるツール

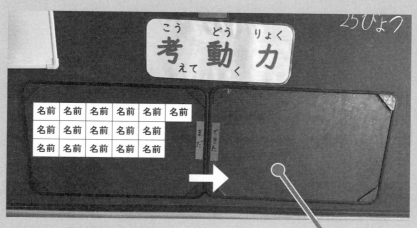

前もって当番札を3学期分用意しておく。

仕事ができた人は「できた」の方に札を動かす。

当番チェックの仕事を取り入れて、子どもたち同士が当番の声かけができるように。当番札も学年スタート前に大量準備。

▶▶▶ さらにこんなことも！

　マグネットの材料は100円ショップの白のカットマグネットがおすすめです。好みのサイズにカットでき、文字も書くことができます。

16

教室の貸し出しボックスにノート・名簿・文房具を大量準備！

学習ノートのコピーや文房具といった子どもの忘れ物の予備、テストの点数等を記入する学級名簿のコピーなど、その都度用意していたら毎回面倒です。使用頻度の高いものは大量に準備しておきましょう。

☑ 塵も積もれば山となる…

　子どもがノート等を忘れた際のコピーにかかる時間、学級名簿1回分を印刷するのにかかる時間、1回分だけで考えると、さほどたいした時間ではありません。

　けれども、年間で合計したらどうでしょう。たった数分間だったものでも繰り返すと数時間に膨れ上がります。

　その数時間を他の仕事やプライベートの時間に充てることができれば、もっと自分の時間を充実させることが可能になるはずです。

☑ 超絶便利なアイテム！

　「ノートも名簿も文房具も大量に準備したけど、どこに置いておくの？」そんな時に超絶便利なアイテムが貸し出しボックスです。

　このアイテムを学級に設置すると、大量の物品もコンパクトに収納することができます。

　さらに、子どもたちがノートや文房具などを忘れてしまった時は、貸し出しボックスから必要な分だけ自分で取ることができます。

　貸し出しボックスにする棚はホームセンターで販売されているもので十分なので、チェックしてみてください。

貸し出しボックスの 中身のバリエーション

文房具やノートなど
ボックス内にはなる
べく多めに準備して
おく。

貸し出しボックスを用
意することで忘れた際
に子どもが自分で準備
できるように！

忘れ物は誰にだってありま
す。道具を貸し出すことで
子どもたちの学習を保障で
きるようにしましょう。

▶▶▶ さらにこんなことも！

　貸し出しボックスの中身は子どもたちでも自由に取れます
が、最低限のマナーとして、必ず借りる前に一声かけるように
指導しましょう。

17

掃除当番は細分化、雑巾は大量購入！

ざっくりとした掃除当番の振り分け方だと、子どもの掃除場所の量に偏りが生じます。1人ひとりが気持ちよく、責任感を持って掃除に取り組むために、掃除場所を細分化し、清掃用具の充実を図りましょう。

✓ 1人ひとりが責任を持って掃除に取り組むために

掃除当番も一人一当番と同様に細分化します。なぜなら、ざっくりすぎる掃除分担だと、1人ひとりの掃除の分量に差が生じてしまい、子ども同士のトラブルの原因になります。また、何人かで1つの場所の掃除と決めてしまうと、他人任せにして掃除をさぼる子が出ます。

そこで、Aさんは教室の右半分のほうき担当、Bさんは1号車（1班）の机掃除というように、誰がどこの掃除を担当するのかをハッキリさせましょう。自分の掃除場所に責任を持って取り組ませることで、掃除に対する意識が高まります。

✓ 雑巾はまとめ買いがお得です

「掃除の雑巾がたりなくなってきたら、その都度、追加購入する。」しかし、業者等に雑巾を何度も注文したり、お店に買いに走ったりすることは手間がかかりますよね。

そこで、年度はじめに2学期分くらいで使いそうな雑巾を事前に大量購入しておきます。とくに机を拭く雑巾は衛生的な面を考えるとこまめに交換が必要のため、ある程度ストックを残しておく方がよいです。

掃除の細分化はこんな感じに！

名前	まず、すること	次に、すること
1	1号車イスの足ふき	1号車つくえ運び・つくえをそろえる
2	2号車イスの足ふき	2号車つくえ運び・つくえをそろえる
3	3号車イスの足ふき	3号車つくえ運び・つくえをそろえる
4	4号車イスの足ふき	4号車つくえ運び・つくえをそろえる
5	1号車ほうき	
6	2号車ほうき	
7	3号車ほうき	
8	4号車ほうき	
9	ろう下がわまどふき①	1号車つくえふき
10	ろう下がわまどふき②	2号車つくえふき
11	外がわまどふき①	3号車つくえふき
12	外がわまどふき②	4号車つくえふき
13	黒板のみぞふき（前）	黒板のみぞふき（後ろ）
14	教室前ろうかほうき	はいたゴミをちりとりで
15	教室前ろうかまどふき	
16	4年生くつばこのゴミ取り	4年生くつばこふき
17	4年生くつばこ前ろうかほうき	はいたゴミをちりとりではく
18	4年生くつばこ前のまどふき①	
19	4年生くつばこ前のまどふき②	
20	4年生くつばこ前のまどふき③	
21	3F わたりろうかのモップがけ→ごみ取り	3F わたりろうかのまどふち・まどみぞそうじ
22	4年生教室横の手あらい場そうじ	
23	6年生教室横の手あらい場そうじ	

> 一人一当番の時と同様に掃除も学級の人数に応じて細分化する。

> 雑巾は追加購入の手間を省くために事前に大量に準備しておく。

> 掃除場所を細分化し、1人ひとり掃除の役割を与えることで、責任を持って掃除に取り組めるようにする。

▶▶▶ さらにこんなことも！

　掃除当番を細分化する前に、教師が掃除場所を見て回りましょう。また、どこの掃除に何人必要か、バランスを取ることも重要です。

18

子どもにも
先取り仕事術を！

学級の仕事はすべて担任が行うべきだと思われがちですが、そんなことありません。すべての仕事を担任が引き受けていたら疲弊してしまいます。子どもたちにできる仕事はどんどん協力してもらいましょう。

✓ 子どもを頼ることに抵抗があった新任時代

　新任時代、「子どもの力を借りるなんてありえない」「先生は子どもに甘えてはいけない」そんなことを考えていました。

　今ではありえない話ですが、新任時代、子どもが育てている植物の水やりや体育で使用した道具の片付けなど、担任の私がすべて1人でしていました。その結果、子どもが何もしない空白の時間が生まれ、授業中なのにもかかわらず、子どもが遊び始める事態が発生しました。

✓ 子どもの力をどんどん借りちゃおう！

　「子どもたちに可能な限り協力してもらう」これが今の私の考え方です。担任1人ですべての仕事を請け負ってしまうと、せっかくの子どもの成長のチャンスを奪ってしまいます。

　そもそも論ですが、基本的に子どもはお手伝いが大好きです。子どもが学級の仕事を手伝ってくれるようになってから、心も体も楽になり、子どものことをよく見る時間が増えました。

　しかも、子どもは先生から仕事を任せられたことにより、張り切ってお手伝いしてくれます。

子どもに任せている仕事の一例

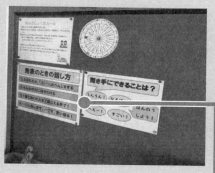

番号シールの記入と貼り付け作業

掲示物の貼り付け作業

雑巾への掃除場所の記入作業

可能な限り子どもたちに任せて教師側が仕事に追われることがないようにしましょう。

▶▶▶ さらにこんなことも！

　子どもたちが仕事をしている様子を学級通信に写真つきで載せると保護者からも喜ばれます。

子どもに任せる仕事とそうでないものの見極めを！

校務分掌や学級関係の仕事など、すべての仕事を1人の教師のみで負担すると時間がいくらあっても足りません。子どもや教職員に任せる仕事と任せない仕事を見極め、タイムマネジメントを心がけましょう。

☑ 仕事を振る時には丁寧なお願いと感謝の気持ちを！

　仕事をお願いする立場として、やはり謙虚な姿勢でお願いをすることは大切です。頼み方が失礼だと、当然協力する気にもなりませんね。それに、頼み方を悪いと、今後の信頼度に悪影響を及ぼします。

　謙虚な姿勢でお願いをし、また、仕事を引き受けてくださったことに対して、心から感謝の気持ちを伝えましょう。そうすると、今後困った時に、再び強い味方になってくれるはずです。

☑ 任せてよい仕事・任せてはいけない仕事

　すべての仕事を1人で背負わないからといって、何でもかんでも他の先生や子どもに仕事を任せていいわけではありません。

　たとえば、会議の案件の立案や、行事等で子どもや教職員を動かす仕事は、やはり主担当が責任を持って行うべきです。

　けれども、書類を印刷したり配付したりするなどの事務的な仕事は、同じ担当の方に任せるようにします。

　どれを受け持ち、どれを任せるのかを見極め、自分1人に仕事の偏りが出ないように気をつけましょう。

子どもに任せる・任せないの仕事リスト一覧表

子どもに仕事を任せる・任せないシリーズ

ここは任せる！

- ○宿題の答え合わせ
- ○宿題のやり直し
- ○配布物の返却
- ○簡単な学級掲示物の作成
- ○掲示物の貼り付け
- ○教室の備品の整理整頓
- ○教室の備品の補充作業

これは任せない！

- ○テストの丸つけ
- ○テストの返却
- ○氏名印を押す書類作り
- ○黒板そうじ
- ○健康観察のチェック
- ○食物アレルギーの子への配膳

基本的に個人の成績や健康状態に関する仕事は教師が担うように！

任せる or 任せないの判断基準はココ！

▶▶▶ これはやめておこう！

　仕事を任せるためには主担当による下準備が重要です。「全部自分で考えてね」と、まるで仕事を放棄するような任せ方はやめましょう。

新年度は毎日、保護者に子どもの良さをTEL！

新年度、子どもたちと同様に保護者の方も「今年はどんな担任の先生だろう」と期待と不安を抱いています。保護者の方に少しでも安心してもらうために、電話で毎日数人ずつお子さんのがんばりを伝えます。

☑ 子どものがんばりを伝えるために、子どもをよく観察する

　子どもがどんな時に何をがんばっていたのか、保護者の方に伝えるためには、子どもの行動をよく観察することが大切です。決して大きながんばりでないとほめられないという訳ではありません。

　たとえば、「朝、教室に入る時に大きな声で挨拶ができていた。」「配付物を返却する時に協力してくれた。」など、小さながんばりでOKです。保護者の方に我が子のことをしっかり見てくれていると感じてもらい、担任への安心感を持ってもらうことが大切です。

☑ 全員の保護者の方に必ず伝えるべし！

　電話した家庭と、電話していない家庭が出ることは絶対にやってはいけません。今の時代、LINE等で保護者間でも「今年の担任はどうだった？」と連絡のやりとりをしています。

　その時、「うちの子、そんな連絡きてないわ」と思わせてしまうと、逆に不信感を与えてしまいます。「毎日5人ずつ電話をする」というように計画を立てましょう。そして、最初の参観日までにはすべての家庭に連絡を終え、保護者の方とつながれるようにしていきましょう。

保護者の方と円満な関係を築く一言・一手間

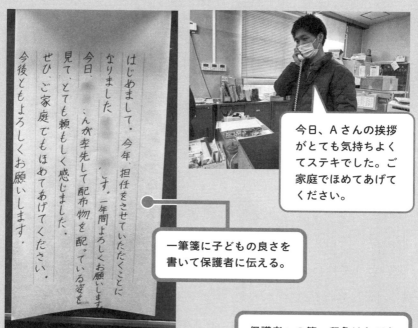

はじめまして。今年、担任をさせていただくことになりました〇〇です。一年間よろしくお願いします。

今日、〇〇さんが率先して配布物を配っている姿を見て、とても頼もしく感じました。ぜひ、ご家庭でもほめてあげてください。

今後ともよろしくお願いします。

今日、Ａさんの挨拶がとても気持ちよくてステキでした。ご家庭でほめてあげてください。

一筆箋に子どもの良さを書いて保護者に伝える。

保護者への第一印象はとても重要です。子どもの良さをたっぷり伝えて保護者との信頼関係を築きましょう。

▶▶▶ さらにこんなことも！

　ご家庭の事情によって保護者の方が電話に出られない時もあります。そんな時は一筆箋を書いて子どものがんばりを伝えるようにしましょう。

21

1学期分の単元を
指導書で把握！

指導書は単元ごとに予定時数・学習時期が記載されています。計画に沿って学習を進めないと、年度末までに授業を終えられません。教科ごとに、どの単元をどれくらいの時数で進めるのか確かめましょう。

✓ こまめに予定時数と学習時期をチェック！

　指導書には予定時数や単元実施の学習時期が記載されています。基本的にはその記載どおりに進めるようにします。指導書は、日本全国その教科のプロフェッショナルな先生が経験や時間をかけて作られたものです。時数や学習時期も必ず意味があって設定されています。

　ですから、単元を入れ替えて授業することは基本的にはしません。また、予定されている時数や時期もできる限り守るようにしましょう。

✓ 教師の計画力を発揮する！

　まず、各学期を終えるまでに、どの単元まで授業を終えておくのか、ゴールの確認をします。とくに学期終了直前は念入りに確認をします。

　たとえば、9月に7月上旬予定の授業をしていては遅いです。かといって、9月上旬に12月実施予定の授業をしていても、授業進度が早すぎて、「本当にきちんと授業している？」と疑われます。

　教師側の都合で授業進度が遅すぎたり、早すぎたりしているようでは、子どもの貴重な学びに悪影響を及ぼします。そのため、教師の計画力はとても重要です。

無理なく単元を進める
指導書活用術

よし！ 今のところ順調に進んでいる！

教科書 ：P65 ～ 80
学習時期 ：**12**月上旬
学習時数 ：**6**時間
（読む⑥）

指導書や赤本に記載の
学習時期は要チェック！

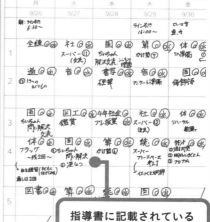

指導書に記載されている
学習時期と実際の授業の
進捗状況は常に比較する
ようにします。

計画に沿って単元相応の時数
をかけた授業を実施すること
で、子どもの学習を保障・充
実させることができます。

▶▶▶ これはやめておこう！

　予定時数より長い時間をかけて授業をしても、必ず深い学び
につながるとは限りません。決められた時間で質の高い授業を
意識しましょう。

22

巨大穴開けパンチで
テストに一気に
穴開けを！

100円ショップの穴開けパンチだと、1回で約20枚の紙に穴を開けられます。しかし、テストの枚数は学期分をまとめると数百枚以上あります。そこで、一発で数百枚の紙に穴を開ける方法を紹介します。

✓ 単元テストの穴開けの面倒さ

テストファイルにテストをまとめる場合、2穴を開けてファイリングすることがあります。100円ショップの穴開けパンチだと、1回で穴を開けられる枚数は限られています。学級の人数が多ければ、テストの枚数が増え、何回かに分けて穴を開ける必要があります。

テストは各教科・単元ごとに用意されています。つまり、1学期分をすべて合わせると、数百枚のテストがあるわけです。膨大な数の穴開けを少ない回数で済ます方法をずっと模索していました。

✓ ついに発見！　NOストレスの穴開け術

模索する日々を重ね、ついにあるアイテムと出合いました。なんと、機械を使い、ボタン1つ押すだけで、一発で数百枚の紙に穴開けができる魔法のようなアイテムなのです。

自費でこのアイテムを購入しましたが、コスパもよく、後に自分の時間が生み出せることを考えると、購入して損はないです。

学校によって、公費でこのようなアイテムを用意している学校もあります。購入前に勤務校の備品を確認してみるとよいかもしれません。

NOストレス！　巨大穴開けパンチ

一度に数百枚の紙に穴を
開けることができる穴開
けパンチ

いくつかにテストを分け
て穴を開けなくても機械
を使えば一発で穴開けが
完了する！

自己投資と思って、お金をかけ
て仕事の時短につなげるのも1
つの作戦。かけたお金以上に、
生み出した時間で好きなことが
できるご褒美が返ってくる。

▶▶▶ さらにこんなことも！

　紙でファイリングしておきたい資料がある場合、ある程度量
がまとまってから一発で穴を開けることで、何度も作業する手
間を省けます。

23

月はじめに翌月の学年だよりを作る！

学年だよりに膨大な情報を詰め込んだり、レイアウトにこだわりすぎたりと、ムダに時間をかけ過ぎていませんか。もっとシンプルで読みやすさ重視、必要な情報のみ入れた学年だよりにしてみましょう。

✓ 学年だよりのフォーマットを決める！

かわいいイラストを挿入したり、お知らせの枠フレームを凝ったりと見た目を気にして作成すると、いつまでたっても終わりません。保護者の立場で考えると、お便りは見た目よりも読みやすさが１番です。

シンプルなフォーマットに固定することで、行事予定やお知らせなどの文を最新月のものに書き換えるだけで済みます。この方法に変えたことで、学年だよりを作る時間は、わずか数十分で完了します。

✓ 使い回せるものはどんどん使い回す！

冒頭に季節の言葉を入れる、少量のイラストを加えるなどは、季節感や読みやすさの視点では必要です。ですが、毎回のように文章を考えたり、イラストを探してきたりすることは時間がかかります。

そこで、前年度使っていた言葉やイラストをそのまま使います。次に、コピー＆ペーストをして、文字の誤りがないかを確認します。場合によっては自分が入れたい言葉を付け加えるのもいいです。

「フォーマットを決め、使えそうなものはフルで使う」これを意識するだけで月はじめに翌月の学年だよりを作ることを可能にします。

超シンプルな学年だよりの作成術！

令和4年度　3年学年だより

アップデート　～7月号～

2学期につながる振り返りを！

　この3ヶ月で、子どもたちはすっかり新しい学年の生活にも慣れ、3年生らしく元気に過ごすことができました。7月は1学期のまとめをする大切な時期です。今学期の学習や生活を振り返りながら、夏休みに向けて、見通しを持たせる学習や、活動をしようと考えています。

　ご家庭でも1学期の振り返りを話題にして頂き、励まして頂くようお願いします。

7月行事予定

- 4日（月）児童朝礼
  　　　　　まなびんぐ
- 11日（月）まなびんぐ
- 14日（木）個人懇談会　13時下校
  　　　　　短縮授業開始（19日まで）
- ※短縮期間中は個人懇談会の日を除いて、
  すべて13時20分下校です。
- 15日（金）個人懇談会　13時下校
- 18日（月）海の日
- 19日（火）1学期給食最終日
  　　　　　まなびんぐ
- 20日（水）終業式
  　　　　　ルリビタキ号来校
- 21日（木）夏季休業開始
  　　　　　※8月9日登校日
  　　　　　※8月25日2学期始業式

7月の集金

　7月の集金額は、1600円です。引き落としの際、手数料として10円が必要となります。

- 学級教材費：1300円
- PTA会費：　300円
- 合計：1600円

引き落とし日は、7月1日（金）です。残高確認をよろしくお願いいたします。

お知らせとお願い

○14日（木）、15日（金）に個人懇談会があります。10分程度の短い時間ではございますが、有意義な時間にしたいと思います。懇談の時間は後日お知らせします。

○1学期の短縮授業は14日（木）業間中は、給食後に下校を開始

○7月21日（木）から8月25日み期間となります。また、8月となっています。手提げバッグを8時25分までに登校をお願い

お便り冒頭の挨拶文は基本的に同じでOK！変更箇所だけ修正する。

フォーマットはシンプルでどこに何を書くのかを固定する。レイアウトを考えることに時間を費やさないようにする。

大事な情報を、よりシンプルで的確に伝わるような学年だよりを作成する。デザイン等の盛り込みはお便りを読みにくくする恐れもある。

▶▶▶ さらにこんなことも！

　学年だよりは毎月データで保存しておきましょう。もし、可能なら6学年分揃えておくと、どの学年を担任した時でも有効活用できます。

24

掲示物は中身重視 &
子どもに任せる！

時間をかけて作った掲示物。子どもに見せた時は喜んでくれたものの、ほとんど活用されずに終わった経験はありませんか。作成に費やした時間よりも、掲示物の内容や子どもの活用頻度を大事にしましょう。

✓ 見た目で喜ぶのはたった一瞬だけ

　数時間かけて教師が一生懸命作った掲示物。「子どもが喜んでくれた！」と思いきや、結局、喜んでくれたのは最初だけで、そのうち掲示物があったことすら忘れられていたことがあります。

　いくら時間をかけて作っても、内容が子どもに浸透していなければ、掲示物は飾りで終わってしまいます。シンプルでもよいので、内容を重視し、子どもが頻繁に活用できるような掲示物を作成しましょう。

✓ 掲示物の配置は子どもに託す

　「ふりかえりの書き方」や「発表の話し方」など、学習掲示物を作成する人の割合は、だいたいですが、教師6・子ども4の割合です。しかし、作った掲示物をどこに貼るのかはすべて子どもに託しています。教師が場所を決めて貼ってしまうと、それは教師側の使い勝手で決めてしまうことになります。

　学びの主役は子どもです。「子どもが貼る場所を決める・子どもが掲示物を作る。」だからこそ、学びを自分ごとに置き換え、主体的に学習に向き合うことができるのです。

こんな掲示物を
貼っています♪

発表のときの話し方
- ①よばれたら、「はいっ」とへんじをする
- ②みんなの方に体をむける
- ③1番とおくの人まで聞こえる声で!
- ④〜だと思います。〜です。言い切る!

聞き手にできることは?
- うんうん!
- なるほど!
- へぇ〜!
- すごい!
- はんのうしよう!

相手のはんのうを見るとは?
↳自分の言いたいことが相手につたわっているかな?
↳自分の発表を聞いてくれているかな?
聞き手の目を見よう!

相手につたえるには?
↳ハキハキと!
↳目を見るスピードで!
↳つたえたい気持ちで!

余計なイラストは入れない。とにかくシンプルで内容重視!

PC で作るにせよ、手書きにせよ大事なのは掲示物の内容! 掲示物が子どもファーストなものになっているか確認を!

▶▶▶ これはやめておこう!

　「掲示物を作って貼る」これだけで終わると、自己満足に過ぎません。作った掲示物を子どもの学びにいかに結びつけるかが重要です。

25

宿題チェックも 子どもに任せる！

宿題の丸つけを教師がすべて行うと、子どもの自主学習力はいつまで
たっても身につきません。教師のもとから離れた時に、子ども1人
ひとりが自力で学習を進める力を身につけられるようにしましょう。

✓ ドリルの丸つけは教師がしない！

「宿題の丸つけは必ず教師が行うべきだ。」そう思っていませんか。
確かに教師が丸つけをする方が確実です。しかし、そのままだと子ど
もは自分で自分の間違いに気づき、修正する力は身につきません。

自分で学習を進めることの意味や学習に取り組む時の方法など、丁
寧に子どもに教えれば、少しずつでもできるようになっていきます。

それに、自分で採点・やり直しをできるようになれば、教師が丸つ
けをする時間は減り、子どもの個別指導に時間を割けます。

✓ 宿題提出チェックの仕事を一人一当番に組み込む！

「誰が宿題を提出しているか、教師が学級名簿で毎日チェックする。」
このチェック方法は、私が新任の頃に行っていた方法です。

しかし、学級の人数や宿題の数が多ければ多いほど、チェックする
量も時間も増えて、教師の負担が大きくなります。

そこで、宿題提出のチェックを一人一当番の中に組み込むようにし
ました。すると、教師がチェックをする負担も減り、空いた時間を使っ
て、子どもと関わる時間に充てることができるようになります。

子ども＆教師がWIN-WINになる 宿題チェック法！

自分で丸つけ・やり直しを
できる力を身につける！
これから先のことを考え、
自主学習スキルを育てる。

宿題提出のチェックは一人
一当番システムに入れる。
教師が提出チェックにかけ
ていた時間を子どもと関わ
る時間に充てる。

漢字チェック		15分休みおわりまで
算数チェック		15分休みおわりまで

任せられるところは子ども
に任せ、もっと教師が子ど
ものことを見る時間を増や
せるように！

▶▶▶ さらにこんなことも！

　子どもに任せただけでは自主学習力は高まりません。定期的
に時間を設けて、子どもたちの学習内容や提出度は確認しま
しょう。

26

最速でテストの採点を済ませる方法！

何度も子どもの答案用紙と模範解答を見比べて採点をしていると、見比べる度に赤ペンが止まり、時間がかかります。しかし、テストを部分ごとに分けて回答を暗記し、採点することで時間短縮できます。

☑ 部分ごとに区切ると、採点スピードは上がる！

　部分ごとに模範解答を暗記し、採点する方法を取り入れると、１時間内に全員のテストの採点を終えることができるようになりました。

　具体的にどのように採点しているかというと、たとえば、１番の問いの答えが「ア、エ、ウ、イ（記号で選ぶ問題）」で、２番の問いの答えが「○、×（○か×で選ぶ問題）」であれば、まずは、そこまでの模範解答のみを覚えます。

　そして、子どもたちの答案用紙を１枚ずつペラペラとめくりながら、覚えた模範解答を声に出しながら丸つけしていくのです。

☑ 強力マグネットを使うと、さらにスピードアップ！

　採点する時、答案用紙が重ならないように１枚ずつずらしておくと、答案用紙がめくりやすくなり、採点スピードが格段に上がります。

　さらに、おすすめなのは、答案用紙の四隅の１つを超強力マグネットで留めることです。普通のマグネットだと外れやすいため、ここは100均のものより、ホームセンターで販売しているような磁力が強いものを買いましょう。これだけで、採点時間が大幅に短縮できます。

最速テストの採点術はこれだ！

強力マグネットでがっちり
と固定し、テストのずれ落
ちを防ぎます。

ア エ ウ イ ○ ×
ア エ ウ イ ○ ×
と声に出して採点します。

放課後は教材研究や1日の振
り返り、また、時間休を取り、
自分の好きな時間に使うために
もテストの採点は授業内に終わ
らせるように！

▶▶▶ さらにこんなことも！

　回答を声で言っているうちに「あれ？　これでよかったっ
け？」と不安になる人は、メモに書き出しておくと間違えにく
くなります。

27

テストは即時採点・即時返却・即時やり直しがベター！

テスト返しを忘れていて、気づけば山のように返却のテストが溜まってしまったことはありませんか。時間がたてば、子どもは点数にしか注目しません。即時採点・即時返却・即時やり直しをめざしましょう。

✓ 即時採点を徹底し、放課後の採点時間をゼロに！

　全員のテスト終了を待っていては、即時採点は不可能です。できた人から順番に持ってきます。ある程度、テストの数が溜まったら、先ほど紹介した最速テストの採点術を生かし、次々に採点していきます。採点を放課後に後回しすると、急な子どもや保護者への対応、職員会議等などで、時間が奪われてしまいます。

　放課後の採点時間をゼロにするためにも、テストを行っている時間内に集中して採点を終わらせてしまいましょう。

✓ テストの時間内に返却・やり直しまで終わらせる！

　採点を終えた人から次々にテストを返却していきます。テスト返却日が遅くなるほど、子どもたちは友だち同士で、「何点だった？」と点数にしか注目しなくなります。

　本来ならば、「なぜ、この問題を間違えたのか」「次に同じ間違いをしないためにはどうすべきか」を振り返ることが大事なはずです。

　そのためにも、テスト時間内に採点・返却はベターです。点数も大事だと思いますが、テストの在り方をもう一度見直してみましょう。

テスト時間内の教師の働き方

採点しやすいようにテストの提出の向きは必ず揃えるように声かけをしましょう。

なるほど！
だから間違えていたのか！

テストを通して、子どもたちの学習の理解度を深めるためにも、できる限り記憶が鮮明なうちにテストを返却します！

▶▶▶ さらにこんなことも！

　子どもたちに「テストで自分が間違えた問題の求め方を人に説明してみよう」と指導しましょう。人に教えることで、学習理解度がより深まります。

28

最速でドリルを
丸つけするコツ！

練習問題を解き、教師に見せに来る時、採点待ちの長蛇の列ができている場面を見かけます。列の最後尾の子は待ち時間が長く、次の問題へと進めません。２つの工夫を行うことで、最速で丸つけができます。

✓ 練習問題は細かく区切って見せに来る方式に！

　練習問題を解いて、教師に見せに来る時、採点待ちの長蛇の列ができていることはありませんか。それは、「解く問題数が多すぎる」「１人の丸つけに時間をかけすぎている」などに原因があります。

　これらを解消するためには、まず、「問題が30問あれば、４問ずつ区切って見せに来る」というように１人にかける時間を減らします。１人あたりの時間が少なくなれば、列での待ち時間は少なくなります。

✓ ２～３人同時に丸つけをする

　練習問題を細かく区切って採点するだけでも、十分採点にかかる時間や列の長さは短くできます。さらに時間短縮をしたい方は２～３人同時に採点を行いましょう。

　方法はとても簡単です。テスト採点と同様に、問題の答えを覚え、２～３人のドリルの答えを一目で分かるように横に並べます。

　正解していたら○を、間違っていれば×をつけます。１人よりも２～３人同時に採点する方が当然、列の処理は速くなります。また、少しでも早く採点してもらえるため、子どもも満足します。

ドリル採点はこれで速くできる！

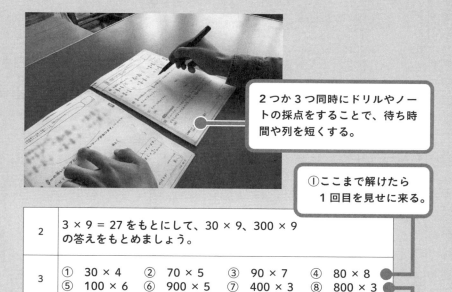

２つか３つ同時にドリルやノートの採点をすることで、待ち時間や列を短くする。

①ここまで解けたら１回目を見せに来る。

2	$3 \times 9 = 27$ をもとにして、30×9、300×9 の答えをもとめましょう。			
3	① 30 × 4 ② 70 × 5 ③ 90 × 7 ④ 80 × 8 ⑤ 100 × 6 ⑥ 900 × 5 ⑦ 400 × 3 ⑧ 800 × 3			

②次はここまで解いて２回目を見せに来る。

たくさんの問題を丸つけするとそれだけ採点に時間がかかり、子どもの待ち時間が長くなります。一度に解く問題を少なくし、丸つけの回転を早めましょう。

▶▶▶ これはやめておこう！

　採点する度に１人ひとりへ解説することはやめましょう。待ち時間や列が長いほど、子どもは落ち着かず、学習の集中力が途切れます。

29

教科書問題の答えは
タブレットで配信！

算数の授業ではドリル以外にも教科書の練習問題に取り組むことがあります。教科書の練習問題もドリル同様、子どもが自分で丸つけするために指導書の解答部分を写真で撮影し、タブレットで配信します。

☑ 指導書を教室後方に置いて、各自で丸つけしたものの…

　教科書に載っている練習問題も計算ドリルの時と同様に、子どもが自分で丸つけ・やり直しをします。

　教師用の指導書には、教科書問題の答えが記載されています。自分たちで丸つけ・やり直しができるように、教室後方に置いておくと、各自で指導書を見ながら、採点していました。しかし、1冊の指導書を10人で体を寄せ合いながら確認している様子もあり、どこか不便さも感じていました。

☑ 1人1台端末を生かして、答えを配信！

　指導書に載っている練習問題の答えのページをコピーして配付したこともありました。しかし、印刷時間のことや紙の無駄使いのことも考えると、決して効率的ではないと思い、すぐにやめました。

　そこで、指導書の答えの部分のみを写真で撮影し、子ども個人のタブレット端末に配信することにしました。すると、これまで1冊の指導書の答えを体を寄せ合いながら見ていたものが、場所を移動することなく、自分の席・自分の画面で答えの確認ができるようになります。

タブレット端末で答えを配信するには?

まず、端末で指導書に載っている練習問題のページを撮る。

オンライン上のクラスルームに写真をアップして1人1台端末に共有する。

▶▶▶ さらにこんなことも!

　答えの箇所を撮影する際には、ピントを合わせて撮るようにしましょう。写真がぼやけてしまうと、正確な答えが判断しづらいです。

30

隙間時間には個人でできる課題を用意する!

テストやドリルなどの課題に取り組むと、子どもによって課題を終える時間にズレが生じます。早めに課題を終えた子が隙間時間を使って学習できるように、さまざまな手立てを用意しておきましょう。

✓ タイピングゲームは超おすすめ!

　GIGA スクール構想により、1 人 1 台タブレットが導入される時代となりました。これからはタブレットパソコンを、鉛筆や消しゴムと同じく、文房具の 1 つとして使いこなす必要があります。

　タブレットには手書き入力や音声入力など便利な補助機能がありますが、タイピングスキルは今後も欠かせないスキルの 1 つです。

　今時、ネット上にはゲームを通してタイピングスキルを上達させるウェブサイトがたくさんあります。URL を配信しておくと、子どもはいつでも隙間時間にタイピング練習に取り組むことができます。

✓ NHK for School は万能教材!

　NHK for School は各学年・各教科の内容をビデオで楽しく学べる万能教材です。今、学習している単元の復習をしたり、次に学習する単元の予習をしたりと、活用方法は多岐にわたります。

　もし、子どもたちの教材費などで、イヤホンを購入できれば、1 人 1 台タブレットパソコンで動画の視聴も可能です。また、字幕機能も導入されており、まさに個別最適化にうってつけの教材です。

子どもたちの隙間時間の活用アイデアは？

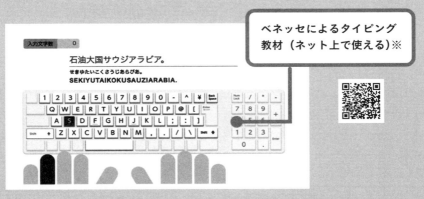

ベネッセによるタイピング教材（ネット上で使える）※

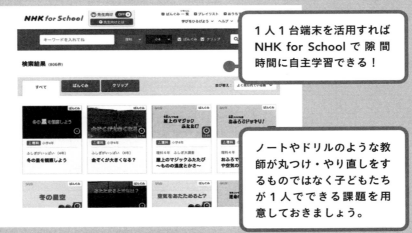

1人1台端末を活用すれば NHK for School で隙間時間に自主学習できる！

ノートやドリルのような教師が丸つけ・やり直しをするものではなく子どもたちが1人でできる課題を用意しておきましょう。

▶▶▶ さらにこんなことも！

　早く解き終えた子のために、謎解き問題や中学受験の問題を用意します。授業ではめったに触れない問題なので、子どもたちが夢中になります。

ノートチェックに時間をかけない！

教師机の上に返却できないほど子どものノートが溜まってしまった経験はありませんか。ノートを集める回数を減らす・集めても簡単に評価しすぐに返却するなど、ノートチェックの負担を減らしましょう。

✓ そもそも頻繁にノートを集めない！

初めて担任した頃、毎時間のようにノートを集めてはチェックしてコメントを返していました。しかも、子どもが学校にいるうちに返却することは当然不可能で、いつも残業してチェックしていました。

今ではそんな働き方は絶対にしません。ノートは机間指導しながらチェックして回ります。ノートを集める回数も単元を通して1回か多くても2回くらいです。自分が「この教科の授業のこの場面を評価したい」と思った時にだけノートを集めるようにしましょう。

✓ ノートチェックは子どもと評価規準を共有しよう！

ノートを集める時に、ノート点としてA～Cのレベル別評価を行います。その際、子どもたちには「何ができればどのレベルの評価になるのか」という評価規準を示して、共有しています。

たとえば、算数だと図・言葉・式の3つを使って課題解決ができればA評価というものです。子どもと評価規準を共有しておくと、ノートを回収した際、ABCと書くだけで返却できます。また、教師側も何を評価するのか明確なので、ノートチェックに時間がかかりません。

らくらくノートチェック術！

算数ルーブリック

算数ルーブリック

自分の考え方はどのレベルかな？

A　　　　　3ポイント	B　　　　　2ポイント	C　　　　　1ポイント
図や言葉、式の３つすべてを含めた説明ができる。	図や言葉、式のいずれか２つを含めた説明ができる。	図や言葉、式のいずれか１つを含めた説明ができる。

ルーブリックを提示することでノートチェックの評価規準を示す。教師も提示した評価規準に応じて評価を行う。

ルーブリックを示すことでノートの評価にかける時間を短縮！　また、この子はふだんからよくできているからA評価といった教師主観が入り混じった評価がなくなります。

▶▶▶ これはやめておこう！

　毎回のようにノートにコメントを書くことはやめましょう。持続可能が難しい上に、一度続けるとやめられなくなり負担になります。

第3章

これは紙よりデジタルが速い！

タブレット時短術

デジタル TODO リスト
で先取り仕事術！

教師の仕事量は膨大で、次々にさばかないと仕事が溜まります。TODO リストを紙の付箋に書くのではなく、デジタル TODO リストにまとめることで、端末でいつでも・どこでも確認・処理ができます。

✓ 紙の付箋にまとめることのデメリット

　タブレット端末を本格的に活用するまで、TODO リストは紙の付箋に書き、机にペタペタと貼り付けていました。教師の仕事量は膨大です。次々にさばかないと、山のように仕事が溜まっていきます。

　紙の付箋を貼っていた時代、やるべきことが多すぎて、机上が付箋だらけになっていました。しかも、付箋が剥がれ、やらなければいけない重大なことを忘れてしまい、職員に迷惑をかけた時もありました。

✓ デジタルに置き換えることの価値

　デジタル TODO リストに置き換えたことによって仕事スピードは激変しました。端末上に TODO リストを書き出すため、紙の付箋のようにどこかへ飛んでいって紛失してしまうこともありません。

　また、端末に変えることで、他のメリットもあります。たとえば、会議等の資料はカメラ機能で写真を撮り、資料を持ち運ぶことができます。それに、撮った写真を編集し、必要な部分のみを残すトリミング機能もかんたんに行うことができます。

　デジタル化すると、面倒だった作業が明らかに楽になります。

デジタルTODOリストが便利!

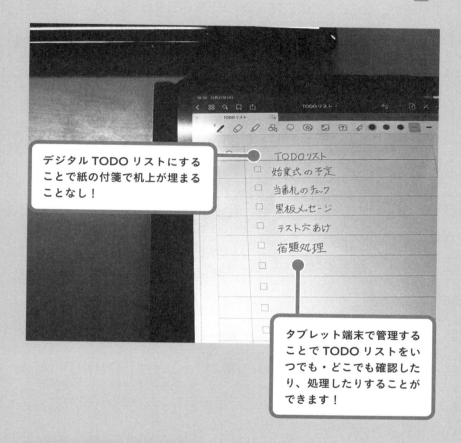

デジタル TODO リストにすることで紙の付箋で机上が埋まることなし!

タブレット端末で管理することで TODO リストをいつでも・どこでも確認したり、処理したりすることができます!

▶▶▶ これはやめておこう!

済んだ TODO はどんどん消していきましょう。いつまでも残しておくと、その仕事を終えたか、終えていないかの区別がつきません。

33

席替えアプリで
準備ゼロ！

席替えの度に「誰をどこの席にするのか」と悩んでいることはありませんか。そんな時は席替えアプリを使うとランダムに席を配置してくれます。もちろん、所々で座席指定することも可能です。

✓ まず、誰とでも協力できる関係づくりを行う

　席替え前、多くの教師が悩むことといえば、「誰と誰を隣の席にするか」「誰と誰を離すべきか」ということです。これらを配慮し続けていると、いつも席替え前に教師が座席順を考える時間が必要になります。

　この考える時間をなくすには、ずばり子どもへの声かけが大切です。「席替えは新しい仲間と関われる絶好のチャンス」「どんな子とペア・グループになっても協力できるようになってほしい」と教師の意図を伝えることで毎回の座席決めの配慮を最小限に抑えるようにします。

✓ 席替えを考える時間はゼロ！

　誰とでも関われる・協力できる関係を子ども同士が築けるようになれば、事前に教師が座席を決めることはしなくて済みます。しかも、座席を毎回考える必要がないため、頻繁に席替えが行えます。

　たくさん席替えができ、また、教師が座席順を考える負担もなくなるため、まさに教師も子どもも WIN-WIN といえます。そんな中、席替えをイベント化するために、**席替え**というアプリを活用します。アプリに名前を入力すれば、後はボタン１つでランダムに席決めしてくれます。

これで席替え準備はゼロ時間に！

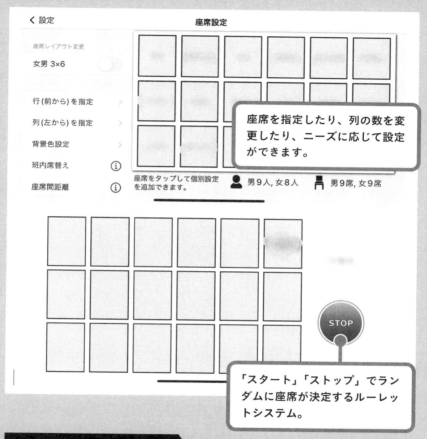

座席を指定したり、列の数を変更したり、ニーズに応じて設定ができます。

「スタート」「ストップ」でランダムに座席が決定するルーレットシステム。

▶▶▶ さらにこんなことも！

　上の画像は**席替え**という、ブラウザ上で使えるアプリの画面です。**席替えメーカー**というものもあります。いずれもかんたんに使えるので、ぜひ一度お試しください。

34

教材は事前作成し予約投稿を!

朝の忙しい時間や授業直前に教材準備をすると、多忙感や焦りからミスが生じやすいです。先取りで教材準備すれば、ゆとりをもって授業がスタートできます。また、予約投稿は教材の配付忘れを防げます。

☑ 教材作成は先取りして準備しておく!

第1章の中で授業準備や授業計画を先取りしておくメリットをお伝えしました。授業計画だけでなく、教材作成も先取りしましょう。

ICT機器を使えば、写真の資料やワークシートなど短時間で簡単に教材を作成することができます。

「教材は授業前に作ればいい。」しかし、子どもや職員、保護者の方などによる急な対応に迫られることもあり、確実に作れる保証はありません。時間があるうちに、先取りして教材準備しておきましょう。

☑ 教師の希望どおりの時間に教材配付できる予約投稿機能

準備した教材は授業で配信します。しかし、「作成した教材がPCのどこのフォルダにあるのか見当たらない」「PCがフリーズしてしまった」などの機器トラブルはよくありがちです。トラブルを対処する間、授業は空白の時間です。子どもの思考はストップしてしまいます。

そこで、教材作成と同時に、教材配付の予約投稿もセットで行います。予約投稿は教師の希望どおりの日付や時間に教材配付ができるため、配付忘れや授業の空白時間をなくすことができます。

先取り教材作成術＆予約投稿で
時間を有効活用！

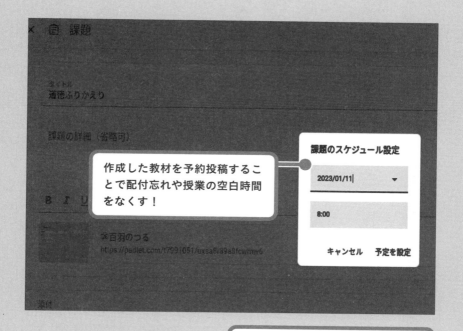

作成した教材を予約投稿することで配付忘れや授業の空白時間をなくす！

週案の先取り仕事術を活用すれば先の予定を把握できます。先の予定の見通しが立てば、次々と教材作成・予約投稿も使えるようになる！

▶▶▶ さらにこんなことも！

　1人1台端末があれば、自作教材・ワークシート・写真はもちろん、Webサイトやビデオの URL など、あらゆる教材の配信が可能です。

35

教科書スキャンで
週末も持ち帰り
コピーの時間ゼロ！

毎週末、授業に使用する教科書や指導書をコピーしていました。教科の数だけコピーすると、かなりの枚数・時間がかかります。教科書をスキャン・データ化し、印刷の量や時間をゼロにしましょう。

✓ 毎週末、教科書をコピーしていた初任時代

　週末になるとコピー機の前で、来週分の授業に使用する各教科の教科書や指導書の必要箇所をコピーしていました。1回のコピーにかかる時間は約15分間。1年間はだいたい35週あるため、15×35=525分間もの時間を費やしていたことになります。

　教科書や指導書の必要箇所のコピーは1回ずつ時間がかかります。しかも、紙を持ち帰るので、週末はいつも鞄が重くなっていました。

✓ 教科書をスキャン・データ化してコピー時間をゼロに！

　毎週末のコピー地獄から逃れるため、何か手立てを考えていました。そこで、購入した教科書を裁断機で切り、子どもたちへの授業の指導に必要な箇所をスキャンすることにしました。スキャンしたデータはpdfファイルに変換し、タブレットに取り込むことでデジタル教科書のように使えます。

　この方法に変えてから、毎週末にしていたコピー時間は、なんと0分に。しかも、タブレット1台で必要な教科書データを取り込むことができ、タブレットの端末内で教材研究や教材準備をすることもできるようになりました。

※なお、著作権保護の観点から教材のコピーは授業に使用する必要最低限の箇所に限ります。

教科書スキャンの方法は？

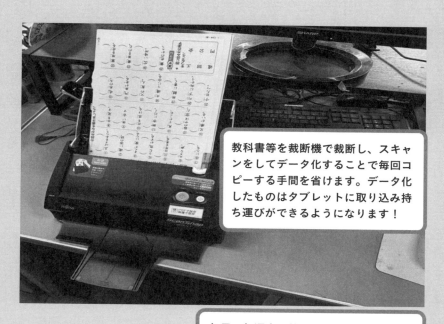

教科書等を裁断機で裁断し、スキャンをしてデータ化することで毎回コピーする手間を省けます。データ化したものはタブレットに取り込み持ち運びができるようになります！

毎日・毎週末、教科書や指導書の必要箇所をコピーするのは正直とても面倒です。タブレットに取り込むことでいつでも・どこでも閲覧できるためとても魅力的です。

▶▶▶ さらにこんなことも！

　裁断するには自前の教科書が必要です。多少の購入費用はかかっても、費用以上に自分の時間が増え、確実に有意義に使えるようになります。

36

どの端末からでも閲覧できるセッティングを！

会議の案件等を紙でファイリングすると、持ち運びが大変です。また、ファイルを収納している場所でしか資料の確認ができません。アプリを活用し、いつ・どこにいても閲覧できるように環境を整えましょう。

✓ 無駄な移動時間をつくらない！

　会議の案件等で配付された資料を紙でファイリングしていると不便なことが起きます。それは、ファイルを置いている場所でしか資料の閲覧ができないことです。また、資料の閲覧のたびにファイルを取りに戻ったり、持ち運んだりしなければいけないことです。

　そこで、スマホやタブレット端末からでも案件の確認ができるようにアプリを活用してみましょう。

✓ Google ドライブは最強の共有閲覧ツール！

　資料等を共有するのに便利なアプリが Google 社の **Google ドライブ**です。この Google ドライブに資料を保存しておけば、検索機能を使って、確認したい資料をわずか数秒で見つけることができます。

　また、Google ドライブはスマホのアプリや、PC でもインターネットを介してすぐにアクセスすることが可能です。さらに、複数人で資料を共有することができます。

　これで場所や時間に縛られず、いつでも・どこでも閲覧可能です。

これでいつでも・どこでも 閲覧できる♪

案件を紙で配付したり
ファイリングしたりすると…

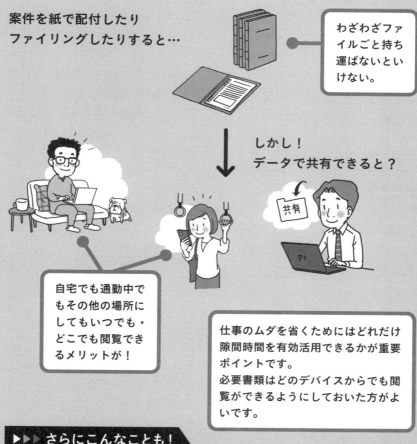

わざわざファ
イルごと持ち
運ばないとい
けない。

しかし！
データで共有できると？

共有

自宅でも通勤中で
もその他の場所に
してもいつでも・
どこでも閲覧でき
るメリットが！

仕事のムダを省くためにはどれだけ
隙間時間を有効活用できるかが重要
ポイントです。
必要書類はどのデバイスからでも閲
覧ができるようにしておいた方がよ
いです。

▶▶▶ さらにこんなことも！

　Google アカウントを作成すれば、無料で多数の Google
アプリを使えます。時短に活かせるアプリも数多く備わってい
ます。

37

プリントよりも断然デジタルワークシート！

数年前まで、学習の時は決まって紙のワークシートを作成・配付していました。しかし、1人1台タブレットが導入されたことで、配信という新たな選択肢が増えました。時短するなら配信スタイル一択です。

☑ 印刷するより配信する方が断然速い！

従来の紙のワークシートだと、原本となるワークシートを作成し、プリンターで印刷します。その後、必要サイズに拡大縮小したり枚数設定したりします。そして、製版から印刷へと進む流れが一般的です。従来の方法だと、印刷に至るまでに多くの手順を踏まないといけないこと、また、印刷中の待ち時間が発生します。

しかし、ワークシートを配信スタイルに変えることで、印刷にかけていた時間・ペーパーレスなど、メリットがたっぷりです。

☑ コスパ最高なデジタルワークシート！

デジタルワークシートを使うことは、音声入力ができる・文字の加筆修正が簡単に行える・写真の添付や削除が自由自在にできる・ワークシートの枚数を無限に増やせるなど、さまざまなことを可能にします。

もし、紙のワークシートだった場合、音声入力不可・間違った文字は消しゴムで消す（紙が破れて学習意欲が下がる）・写真は印刷しないと貼れないなど、時間も手間もかかります。

ぜひ、今からでも配信スタイルに変えて、時短を図ってください。

デジタルワークシートの
実践事例とメリット♪

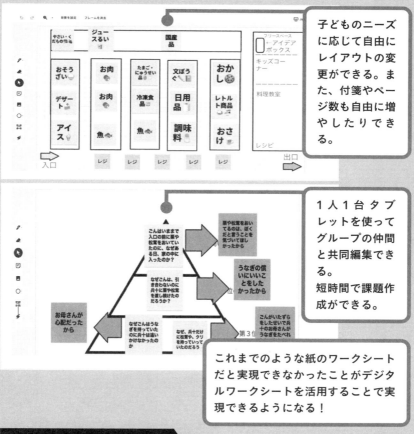

子どものニーズに応じて自由にレイアウトの変更ができる。また、付箋やページ数も自由に増やしたりできる。

1人1台タブレットを使ってグループの仲間と共同編集できる。
短時間で課題作成ができる。

これまでのような紙のワークシートだと実現できなかったことがデジタルワークシートを活用することで実現できるようになる！

▶▶▶ さらにこんなことも！

　配信スタイルに変えれば、子どものデジタルワークシートの進捗状況・回収作業・評価などあらゆる作業を教師用の端末で行えます。

38

ICT 教材で教師の負担を軽減！

子どもたちの学習ドリルの丸つけをすべて教師が行っていませんか。数人程度の丸つけならまだしも、40 人学級となると、かなりの負担です。ICT 教材を導入し、教師の丸つけの負担・時間を削減しましょう。

✓ ICT 教材で個別最適化！

　私の学級の子どもたちが使用している ICT 教材は無料で、アプリをダウンロードする必要もない、インターネットさえつながっていれば誰でも簡単に活用できる ICT 教材です。今は 1 人 1 台タブレットの時代です。早速、今日から使用することができます。

　しかも、ICT 教材なら学習単元・レベルを自分の習熟度によって選べます。テスト前や復習・予習の時間など、その時学びたい学習内容を自由に選べることは、まさに個別最適化にぴったりの教材です。

✓ 教師の丸つけ負担が軽減！

　ICT 教材を導入することは学習の個別最適化を図ることだけではありません。これまでのドリル勉強スタイルだと教師が答え合わせをしたり、子どもがドリルの答えを確認して丸つけしたりしていました。

　しかし、ICT 教材なら回答すると即採点してくれるため、子どもが自分で学習でつまずいている部分にすぐに気づけます。それに、これまで教師が丸つけに充てていた時間や負担が少なくなり、学習で困っている子どものところに行き、個別指導の時間を割くことができます。

今日から使える！ おすすめICT教材

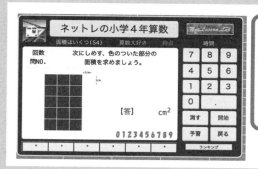

新ネットレ
学年別・単元ごとに幅広い
問題が用意されています。

eboard
動画の解説付きで問題に取り組める教材です。

「教師による採点時間の必要なし」
「誰でも無料で使える」
1人1台タブレットの時代には
まさにもってこいの教材です。

▶▶▶ さらにこんなことも！

　ICT教材のURLを子どもたちに配信しておきましょう。次回からはそのURLにアクセスするだけで学習を進められるようになります。

39

数式処理ツール活用で、通知表作成を時短！

手計算で成績処理を行うと、計算ミスや入力ミスが起きやすいです。そんな時は数式処理ツールを使いましょう。Excel や Numbers などが活用できれば、サクっと成績処理を終えることが可能になります。

✓ 数式処理ツールのメリットは、正確さと時短にあり！

Excel や Numbers、スプレッドシートなどの数式処理ツールはとても賢いです。関数の数式を使えば、点数入力するだけで合計点が算出できたり、クラスの平均点を瞬時に反映させたりできます。

もし、仮にこういった作業を私たち人間が電卓を使って1つずつ手計算するとなると、かなりの時間を費やすことになります。

簡単な関数を使うだけでも、手計算するよりは確実に入力ミスを減らせます。それに、何より無駄な労力を費やさずに済みます。

✓ Numbersで成績を自動で反映させよう！

Numbers は成績処理の時短を加速させる画期的なアプリです。たとえばこのアプリを使うと、パフォーマンス課題で個人が得た評価（A 評価や B 評価）を入力して蓄積していくと、決められた割合に応じて、児童の評定を自動算出できます。

これまでは名簿に A、B などの評価を書き込み、得点換算していました。しかし、このアプリを使ってからは、これまでの半分の時間で成績処理を終えることができるようになりました。

Numbersを使うとこんなふうに成績処理できる！

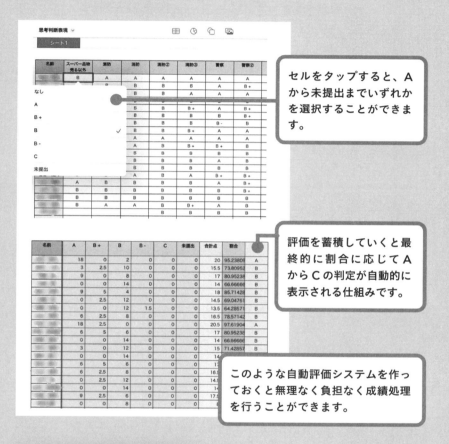

セルをタップすると、Aから未提出までいずれかを選択することができます。

評価を蓄積していくと最終的に割合に応じてAからCの判定が自動的に表示される仕組みです。

このような自動評価システムを作っておくと無理なく負担なく成績処理を行うことができます。

▶▶▶ さらにこんなことも！

　スプレッドシートのAIグラフ、Excelのマクロ機能を使えば、点数に応じたグラフ表示ができ、学級懇談会の資料として使えます。

40

ショートカットキー活用でバッチリ時短！

印刷、データのコピー＆貼り付けなど、マウスで右クリックし、リストから選ぼうとすると、操作が多く、時間がかかります。そこで、ショートカットキーを覚えておくことで、格段に操作を減らせます。

✔ ショートカットキーで手順を減らす！

　ショートカットキーのメリットは、最短で目的を果たせることです。マウスやタッチパッドを使って操作するのもよいのですが、時々マウスの反応が悪くて、自分が思うような操作ができない時があります。

　ショートカットキーを覚えておくと、瞬時に印刷画面が開けたり、写真や文章のコピー＆貼り付けができるようになったりします。

　あまり難しくなく、簡単な PC スキルを知っているだけでも、毎日使うことで、後々にたっぷりと時間を生み出すことができます。

✔ よく使うショートカットキーはたった数個だけ！

　「そんなにたくさんのショートカットキー覚えられない。」と思っておられる方、安心してください。よく使うのはたった数個だけです。私がよく使うショートカットキーで、比較的使いやすいのは、

　Ctrl ＋ C（コピー）、Ctrl ＋ V（貼り付け）、Ctrl ＋ P（印刷）

たった３つです。もちろん、他のものを覚えることに越したことはありませんが、教師はシステムエンジニアでもプログラマーでもありません。そこまで複雑な PC スキルを求められることが現場ではないのです。

これがCtrlを使った役立つ
ショートカットキー！

使いやすいショートカットキー一覧集	
Ctrl + C	選択した項目をコピー
Ctrl + V	選択した項目を貼り付け
Ctrl + X	選択した項目を切り取り
Ctrl + Z	操作を元に戻す
Ctrl + A	すべての項目を選択
Ctrl + N	ファイルを作成
Ctrl + S	ファイルを保存
Ctrl + O	ファイルを開く
Ctrl + P	ファイルを印刷

Ctrlキーをベースにしたショートカットキーの一覧です。たったこれだけ使えるだけでも、かなりの時短になります！

▶▶▶ さらにこんなことも！

　ショートカットキーを覚えるためには使ってみることが一番の近道です。まずは、積極的な活用をめざしましょう。

41

Google フォームで アンケートを自動集約！

子どもや保護者へのアンケートを取ったものの、その後の集約や分析を手動で行っていました。Google フォームを使えば、アンケートに回答するだけで自動集約することができ、劇的に時間短縮できます。

✓ 紙のアンケートを配付、回収後は手動で集約していた時代

　1人1台タブレットやスマートフォンが普及する前は、紙のアンケートで配付し、回収後は手動で集計するのが当たり前でした。

　そのため、1つアンケートを実施するだけで、あらゆる手間と時間が必要になります。たとえば、アンケートを作成して印刷する時間、回答したアンケートを回収する時間、回収したアンケートから結果を集約する時間など、とにかく負担感を感じる作業ばかりでした。

✓ アンケートはデジタル化、しかも、自動集約で負担ゼロ！

　1人1台タブレットが普及され、スマートフォンが日常的に使われるようになってから、アンケートに対して負担感を感じることがなくなりました。

　なぜなら、アンケートは印刷せずに配信できる、1人1台タブレットで回答後、送信するだけで回収できる、結果の集約は AI が自動で行ってくれるなど、たくさんの優れた機能が生まれたからです。また、保護者にアンケートを取る際も、スマートフォンを使って、自宅以外の場所からでも回答することができます。

アンケートをデジタル化すると びっくりするほどラクになる!

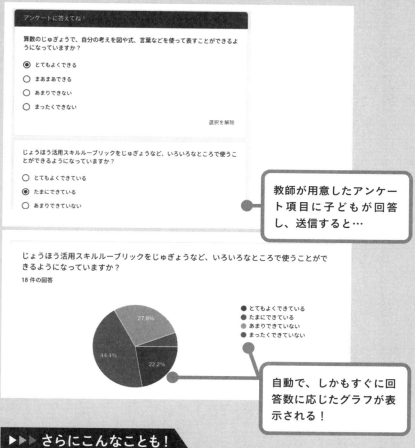

教師が用意したアンケート項目に子どもが回答し、送信すると…

自動で、しかもすぐに回答数に応じたグラフが表示される!

▶▶▶ さらにこんなことも!

Googleフォームでは、個人懇談会の希望調査や毎日の出欠表チェック、プール水泳の参加有無など、あらゆるアンケートをデジタル化できます。

42

気づき・ひらめきは
忘れる前に即メモ！

「あれ？ これから何をする予定だったっけ？」「いいアイデアが思い浮かんでいたはずなのに忘れた」というような経験はありませんか。スマホやタブレットを使い、即メモする習慣をつけましょう。

✅ メモは社会人には欠かせない必須スキル

「あれもしなきゃ、これもしなきゃ。」と頭では思い浮かんでいることはあるのに、時間が経つと忘れてしまったという経験が一度はあるのではないでしょうか。もし、それが重要な仕事だったとしたら、忘れてしまうと大変です。そんな時こそ、やはりメモが大事です。

以前は、ノートを持ち歩いてメモをしていました。その甲斐あってメモをする習慣がつき、気づきやひらめきを忘れることはありませんでした。しかし、ノートを持ち歩くことに不便さは感じていました。

✅ メモの在り方も変わってきた時代

今の時代、スマートフォンやスマートウォッチ、タブレット端末など便利なツールがたくさんあります。

ペンで書いて言語化していたメモの在り方が、スマートフォンやタブレット端末を使えば、写真で記録することがメモ代わりになります。また、音声入力を使えば、かなりの高精度で端末が正確に聞き取ってくれるため、手書きするよりはるかに速いです。

気づき・ひらめきを忘れないためにもメモの習慣はやはり必須です。

デジタル端末を活用した
今ドキのメモ術

> スマートウォッチのリマインダー機能でも音声入力が可能です。

> 今ドキのスマートフォンの音声認識能力はハイスペックです。どんどん活用しましょう。

▶▶▶ さらにこんなことも！

メモしたことをすべて実施しないといけない訳ではありません。必要な情報かどうかは、その後、取捨選択すればよいです。

43

役立つ情報を音声配信アプリでインプット！

学びの手段は今や書籍や研修会に参加するだけではありません。スマホの音声アプリを使えば、家事をしながらでも、通勤途中でも、有益な情報を学ぶことができます。

✓ 今の主流は「ながら聞き」で学ぶ時代

　10年も前の学びの手段は、書籍を読んだり、研修会に足を運んだりすることが主流でした。しかし、書籍出版まで約半年から1年かかるため、出版された時には最新情報と言えない可能性があります。

　家庭を持たれている先生は休日に研修会に参加したり、読書の時間を確保したりすることって難しいですよね。そこで、これからの学びの主流は音声配信アプリを使った「ながら学び」です。音声配信アプリを使えば、家事をしながら、通勤しながらのように、「ながら聞き」で学ぶことができます。

✓ 音声アプリ「Voicy」は教師必須アプリ！

　Voicy は無料でインストールできる音声配信アプリです。Voicy では書籍を出版されたり、Instagram で多くのフォロワーに支持されたりしている著名な先生も日々、有益な情報発信をされています。

　しかも、1回の放送は約5分程度のものが多いです。つまり、ほんの少しの時間を活用して学ぶことができます。時短術や学級経営などさまざまな教育情報を取得できるため、大変おすすめです。

「ながら聞き」の学びは大きい！

家事をしながらでも、通勤中でも、音声を通して「ながら聞き」で情報をインプット。

Voicy のアプリを通して著名な先生が教育情報を日々配信されている。無料で使えるのでぜひ活用を！

▶▶▶ さらにこんなことも！

Voicy はアーカイブ機能があるため、いつでも聴取可能です。忙しくてリアルタイムに放送が聞けなくても、好きな時間に放送を聞くことができます。

第4章

悩まないために！

校務の
最速仕事術！

教室・職員室の両方の備品を充実させる！

教室や職員室を行き来する際、毎回備品を持ち出していると、備品が行方不明になり、捜索の時間がかかります。教室・職員室ともに同じ環境に整え、どちらの場所にいても仕事ができるようにしましょう。

✓ 片方の場所だけを充実させることのデメリット

　教室の静かな環境で基本的に仕事をすることが多いですが、場合によっては職員室で仕事をしなければいけない時もあります。私は以前、職員室で仕事をするとなった時、必要な物を教室から持ち出し、職員室へ持って行くようにしていました。

　しかし、備品を持ち出すということは裏を返せば、備品を返し忘れてくる可能性があるということです。そのため、どちらかに置き忘れると、取りに戻るという余計な移動が発生してしまいます。

✓ 両方の場所を充実させることでデメリットが解消！

　そこで、おすすめのアイデアが、教室と職員室の仕事環境をできる限り同じように揃えてしまうというものです。

　どちらも同じ環境に整えることで、教室から職員室への移動時に、わざわざ持ち出す必要がなくなります。持ち出す物を探す時間もいりません。返し忘れて、取りに戻るという余計な時間も生み出しません。備品を2セット揃えるために、多少の費用は必要になりますが、この後に自分の有意義な時間をたっぷり使えるのなら、安いものです。

校務が一段と速くなる！ ＋αの便利な物リスト

テンキー
アンケートやテスト等の
数値入力に便利です。

モバイルバッテリー
急にスマホの充電をした
い時に欠かせません。

USB ハブポート
USB 接続が足りないな
と思った時に便利です。

印鑑セット
急な押印がある時に、準
備しておくと便利です。

▶▶▶ さらにこんなことも！

　どの引き出しにどんな物が入っているのかの把握を含め、教
室と職員室で揃えておくと、混乱することなく安心して仕事に
取り組むことができます。

45

ハイスピードな仕事は、仕事の順序と場所選びがカギ！

頭を使うような複雑な仕事に時間がかかり過ぎて、他の仕事が停滞してしまうことはありませんか。ハイスピードで仕事を行うには、仕事の順序と場所選びが肝心です。

☑ まずはどんな仕事から始めるべきか？

　教師は、授業だけが仕事ではありません。アンケートや回覧板のような事務処理も次々と回ってきます。最初からクリエイティブな仕事に時間をかけ過ぎると、どんどん仕事が溜まっていきます。

　まずは、あまり深く考えなくてもよい事務処理（たとえば、名簿の集約やアンケート処理など）のように時間がかからないものから始め、脳のウォーミングアップをしましょう。

☑ 自分にとって最適な場所を選ぶ！

　仕事を捗らせるためには、順序と同じくらい場所選びも大切です。私の場合、職員室のようにいろいろな話し声が聞こえる場所では、余計なことに気が散ってしまい、集中ができません。

　しかし、人によっては多少騒がしい場所の方が、返って集中できるという方もいます。つまり、最適な場所かどうかは仕事を行う本人にしかわからないのです。

　自分はどの場所で仕事を行うと最もはかどるのかを検討し、まずは環境選びから始めましょう。

仕事をはかどらせる環境選び
と仕事の順序

仕事の成果を上げるためには仕事を行う環境選びが重要です。
とくに誰もいない静かな教室は集中して仕事を進めることができ、最適な環境といえます。

アンケートの集約や数値入力など深く考えずにできる仕事から始めて仕事のウォーミングアップ！

▶▶▶ さらにこんなことも！

　同じ学年の先生がいる場合は、教室で仕事をする時、一言伝えましょう。また、学年で打ち合わせがある場合は必ずそちらを優先しましょう。

46

通知表作りは学期はじめから即スタート！

学級の人数が増えるほど、成績処理に時間を要します。忙しい成績処理の期間中でもふだんどおり定時退勤したいものです。そのためには、学期はじめから着々と計画立てて成績入力を済ませていきましょう。

✓ 係活動や委員会活動などの記録はすぐにできる！

　新学期スタート後、すぐに教科の成績をつけることは、評価資料が不足しているため難しいです。しかし、係活動や委員会活動は学期はじめに決めるため、すぐにでも通知表への記載ができます。

　それに、「イベント係」や「環境委員会」というように書く内容が決まっているため、所見の文章や評価に悩む必要がなく、学期のはじめからでも進められます。

✓ 所見は計画的に進める！

　過去にクラス40人分の所見を1日にまとめて書いていました。仕事の段取りや計画性がなく、追いついてなかったのです。当然、40人分の初見が短時間で終わる訳もなく、残業し、終わらない分は自宅で続きをしていました。

　計画的に終わらせるために、「観察するデー」をつくります。1日に2人ほど、学習や行動の様子を観察してメモを取ります。そして、観察した日の放課後に、そのまま所見入力を済ませてしまうのです。

　計画的に進めることが、成績処理期間でも定時退勤するコツです。

成績処理の期間でも定時退勤できる プランニング術♪

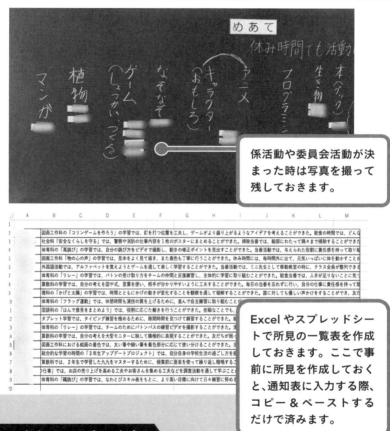

係活動や委員会活動が決まった時は写真を撮って残しておきます。

Excel やスプレッドシートで所見の一覧表を作成しておきます。ここで事前に所見を作成しておくと、通知表に入力する際、コピー＆ペーストするだけで済みます。

▶▶▶ さらにこんなことも！

　教科の成績は単元末テストをもとにつけます。日頃のテストの点数入力も後回しにせず、テストが終わると同時に終わらせましょう。

47

会計書類は
後回し厳禁!

学期末には購入した教材の伝票をもとに、会計簿を作成します。しかし、学期末にまとめて処理しようとすると、金額の入力ミスや収支のズレが生じます。教材購入と同時に会計入力を済ませましょう。

✓ 注文時に業者に教材の金額を聞き、会計簿に入力!

　年度はじめには教材選定を、また、年度途中においても随時必要な教材を購入します。そして、業者の方に教材注文の電話をし、送られてきた伝票をもとに会計簿を作成するのが一般的な流れです。

　しかし、もし可能ならば注文する際に、業者の方に教材の金額も事前に聞いておきましょう。注文した教材名と金額がわかれば前もって会計簿を作成でき、会計の入力漏れを未然に防ぐことができます。

✓ 保護者から大切なお金を預かっているという意識を持つ

　なぜ、そこまで会計簿作成を早めるかというと、ずばり「お金」が絡んでいるからです。

　私たちは保護者の方から毎月、貴重な教材費をお預かりしています。大切にお預かりした教材費は1円たりとも無駄にはしてはいけません。

　もし、我が子の担任がお金にルーズな方だったら、不信感を抱きませんか。そんな方に、我が子を預けようと思いますか。

　お金をきっちりと管理することは、保護者からの信頼や安心感につながります。だからこそ、会計の仕事の優先度は上げていきましょう。

ミスなく確実な会計簿を作成しよう！

> この教材を購入したいのですが１つあたりの金額はおいくらでしょうか？

> すぐに会計データに入力をして会計の入力漏れを防ぎます。

▶▶▶ さらにこんなことも！

　事前に業者の方に教材の金額を伺っていても、必ず学期末には会計簿の再点検をします。注文数・金額のズレを確実に防ぎましょう。

48

案件の提案は
原則例年どおりで OK!

会議の案件をゼロから作るとなると、とても苦労します。まずは、元々ある案件をベースに、例年どおりの提案をしてみましょう。もし、前年度の反省や変更点がある場合は、加筆修正しておきましょう。

✓ 前年度使用していた案件をそのまま引き継ぐ!

　今の時代、会議の案件はほとんどデータで残されています。もし、案件をゼロの状態から作るとなると、とても苦労します。

　そこで、前年度の担当者から、これまでに提案した案件のデータをすべて引き継ぎましょう。その際、どのように提案されたのか、また、どの部分に気をつけて提案したのかも併せて確認しておきましょう。

　既存のものはどんどん使わせていただき、ゼロからのスタートにならないようにリスクは回避すべきです。

✓ 提案は例年どおり、活動は臨機応変に!

　前年度の担当者から引き継ぎを終えたら、ひとまず例年どおりの提案をしてみましょう。余程のことがない限り、提案は通るはずです。

　しかし、提案する際、前年度の反省や今年度の変更点がある場合は、共通理解しておく必要があります。

　案件はあくまでアイデアです。子どもの状況等によって提案した案のとおりに進まないことだってあります。ベースとなる案件を元に、教師が臨機応変に対応する力を備えておくことが大切です。

案件の提案をするまでの フローチャート

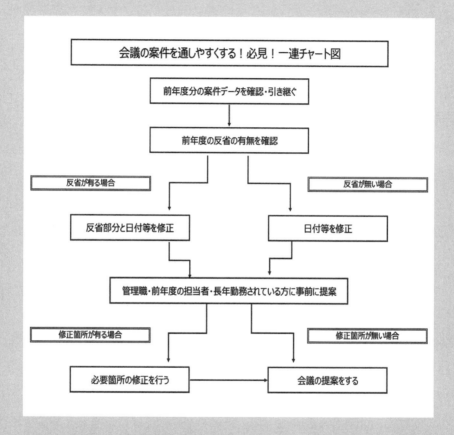

会議の案件を通しやすくする！必見！一連チャート図

前年度分の案件データを確認・引き継ぐ

前年度の反省の有無を確認

反省が有る場合

反省が無い場合

反省部分と日付等を修正

日付等を修正

管理職・前年度の担当者・長年勤務されている方に事前に提案

修正箇所が有る場合

修正箇所が無い場合

必要箇所の修正を行う

会議の提案をする

▶▶▶ さらにこんなことも！

　いきなり職員会議で提案するのではなく、押さえておくべき人（とくに管理職級の方）に事前に根回しすることで案は通りやすくなります。

49

会議では要点を絞り、3分以内の提案を!

案件を提案する際、書いている内容をだらだら読み上げるのは、貴重な時間を奪うだけです。伝えるべきポイントのみに絞って提案し、各自で読めばわかるものは説明を省きましょう。

✓ 1つの提案は3分以内に!

3分以内に提案をまとめるポイントは次の2点です。

1点目は読めばわかる箇所は各自で読んでおいてもらうということです。提案者がわざわざ読み上げることは避けたいです。

2点目は重要事項をできるだけ端的に説明するということです。だらだら説明したところで、聞いている側からすると、「結局、何が言いたいの?」と感じます。

ぜひ一度、自分の提案にかかる時間を計ってみましょう。

✓ 案件は事前把握が鉄則!

職員会議の案件は、会議が始まる前に各自、目を通しておくのがベターです。各々が内容をある程度把握した上で会議に臨めば、議論するところからスタートできます。

そのために、必ず前もって案件を共有し、職員全員に周知しておくことが必要です。会議が始まってから、どんな案件なのかを確認しているようでは、内容がわからないまま流されて会議が終わってしまいます。短時間で有意義な会議になるよう目指しましょう。

職員会議を質もよく
効率もよく進めるポイント

会議の案件は職員全体にデータで提案・共有しています。その上で、実際に提案する際は追加や修正等があった時にすぐに書き込めるように紙で1部印刷してメモ代わりとして使っています。

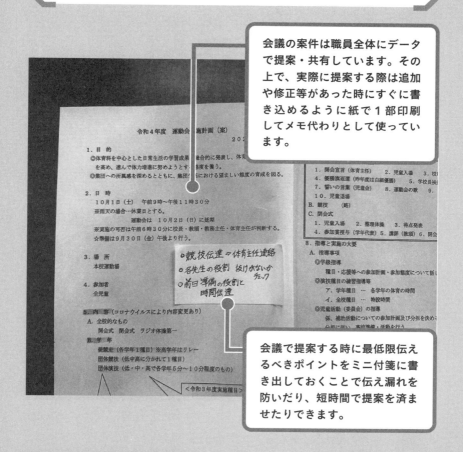

会議で提案する時に最低限伝えるべきポイントをミニ付箋に書き出しておくことで伝え漏れを防いだり、短時間で提案を済ませたりできます。

▶▶▶ さらにこんなことも！

　勤務終了後に予定がある方もおられます。会議が17時を回りそうな場合は、必ず事前に参加者に終了時間について声をかけることがマナーです。

50
評価育成シートや 自己申告書は 数値化がベスト!

評価育成シート（自己申告書）で「何を書けばいいかわからない」と悩んだことはありませんか。決して小難しい文章を書く必要はありません。大事なのは数値目標で示すことです。

✓ 数値目標で示すと、根拠ある評価育成シートに仕上がる!

　評価育成シートの目標を書く時、「子どもが本を好きになるように努力する。」と書いたとします。そして、年度末に目標の到達度合いを書く時、「子どもが本を好きになった。」と書いても、それは教師の主観であり根拠がありません。

　しかし、「子どもが本を好きだと回答する割合を 80％ 以上にする。」と書くとどうでしょう。80％ を超えたか超えていないかを書くだけで目標が達成されたかどうか一目で判断できます。

✓ Googleフォームを使えば、さらに高速で仕上がる!

　評価育成シートを数値目標で示した場合、内容に応じて、子どもや保護者、他の職員にアンケートを取る必要があります。

　ここで、項目 41 でお伝えした Google フォームの自動集約機能が最大の効果を発揮します。Google フォームでは、回答数に応じて割合を表示できるようになっています（詳しくは項目 41 の右ページを確認）。

　つまり、アンケートの回答さえ終われば、質問項目ごとに割合で表示されるため、評価育成シートの数値入力も簡単にできるのです。

評価育成シートの実例

自己申告票

(分校) (

職　名	教諭/年　齢	
本府在職年数	3年/現任校在校年数	
所属学年	3年/担　任	(
担当教科・科目（小学校は専科等）		

今年度の組織目標（自己の目標と関連する学校教育目標や学年・分掌・教科等の目標）
「進んで学ぶ子ども」「思いやりのある子ども」「がんばる子ども」の育成

設定目標（4月12日記入）	進捗状況（8月31日記入）
【目標設定区分：　　　授業力　　　】	□計画以上に進んでいる　■計画どおり進んでいる　□計画どおり進んでいない
【内容・実施計画】	【進捗状況及び課題】
○算数科の授業において、児童の思考力・判断力・表現力を身に付けるように努める。自作アンケートより、「自分の考えを図や式、言葉などを使って表現することができるか」という項目に対し、肯定的な回答の割合を80％以上にする。	○児童による中間アンケートにおいて、肯定的な回答は81.8％であった。自分の考えを他者に対して、より分かりやすく伝えるにはどうすればよいかを学習の中で身に付けるように指導していきたい。
○児童の情報活用能力向上に努める。自作アンケートより、各授業において「情報活用スキルルーブリックを意識しているか」という項目に対し、肯定的な回答の割合を80％以上にする。	○児童による中間アンケートにおいて、肯定的な回答は80％であった。90％以上をめざすため、授業準備の段階で効果的なスキルルーブリックはどれなのかをより一層探究していきたい。

> どんな質問項目に対して、肯定的な回答の割合を何％以上にするのかを記載する。

> 児童による中間アンケートにおいて肯定的な回答の割合が何％なのかを記載する。

▶▶▶ さらにこんなことも！

　中間到達度や最終到達度を書く時も、基本的に文型は同じです。文の書き方さえ覚えてしまえば、時間をかけずに完成できます。

あとがき

「まさか、自分が教師の働き方に関する本を書くことになるなんて……。」

教員になった11年前には、想像もしていませんでした。

私は教員という仕事が本当に大好きです。小学校4年生で、「学校の先生になりたい！」と、志したあの時のことを今でも鮮明に覚えています。

学校の先生という仕事は本当に魅力がいっぱい詰まった職業です。

子どもの（心も身体も）成長が間近で感じられる。

栄養たっぷりの給食が食べられる（笑）。

子どもたちと作品や思い出を共に創り上げていける。

などなど、挙げればきりがない程、素敵なことばかりです。

しかし、そんな教員という職業の成り手が年々少なくなっています。令和4年度（令和3年度実施）公立小学校教員採用選考試験の平均採用倍率は2.5倍、場所によっては1.3倍の自治体もありました。

教員の成り手が年々少なくなっている要因の1つに、「教員の残業問題」が当てはまります。早朝出勤、深夜退勤、休日出勤など、メディアで取り沙汰されるがゆえに、教員の志願者数が減っているのです。

とあるカフェでひとときを過ごしていた時に、近くの席からこんな声が聞こえてきました。

「教員になるのだけは絶対やめておいた方がいい。」

「自分の時間がなくなるだけ。」

そんな声に正直、悔しい気持ちが溢れてきました。でも、現状、事実だから仕方ないのかもしれません。

　私は"ネバーギブアップ"という言葉がとても好きです。これは、今年度、私が担任している学級目標でもあります。（この学級目標は私が推したのではなく、たまたまこの目標になり、驚きました。）

　まえがきでもお伝えしましたが、

　教師の働き方が変われば、子どもは成長できた。
　教師の働き方が変われば、プライベートがもっと充実した。
　教師の働き方が変われば、今までより笑顔が増えた。

　私の経験上、あきらめずに、働き方や考え方を見直していけば、残業問題はきっとクリアできると信じています。

　最後になりましたが、企画をいただいた時から出版に至るまでお力添えしていただいた学陽書房の山本聡子さん、野田ゆうきさん、石山和代さん、依田真波さんには大変お世話になりました。そして、何よりこの本を執筆するにあたり、たくさんのサポートや応援をしてくれた私の最愛なる家族のみんなに、この場を借りて心より感謝したいと思います。

柴田　大翔

●著者紹介

柴田 大翔（しばた ひろと）

1990年大阪府生まれ。大阪府の公立小学校に教諭として勤務。月120時間の残業を激減させた経験から教師の働き方や、日々授業や校務にタブレットをフル活用している実践からICT教育やタブレット活用術について、また、子どもたちが笑顔になる学級経営の実践経験から若手の教師への情報提供など、多岐にわたる話題についてInstagramやVoicyを中心とした各種SNSを通じて「ギガ先生」として毎日発信している。SNSの総フォロワー数1.7万人超え。共著に『小学4年　学級経営ペディア』（明治図書）がある。

今日から残業がなくなる！
ギガ先生の定時で帰る50の方法

2023年9月28日　初版発行
2024年2月16日　2刷発行

著　者　　**柴田　大翔**（しばた　ひろと）

発行者　　佐久間重嘉

発行所　　**学 陽 書 房**

〒102-0072　東京都千代田区飯田橋1-9-3
営業部／電話 03-3261-1111　FAX 03-5211-3300
編集部／電話 03-3261-1112
http://www.gakuyo.co.jp/

ブックデザイン／スタジオダンク
イラスト／おしろゆうこ
DTP制作／越海辰夫
印刷・製本／三省堂印刷

好評の既刊！

新年度ここで差がつく！
教師１年目のスタートアップ

髙橋朋彦　著

A5判・128ページ　定価1980円（10%税込）

この1冊で教師の1年目のスタートの切り方がすべてがわかる！　写真や画像つきで教師の仕事、学級づくり、授業づくりのポイントをわかりやすく紹介！　とりわけ新年度の仕事について詳しく伝える、初任者必携の1冊！